DUMONT DIREKT

Marrakesch

Hartmut Buchholz

Inhalt

Das Beste zu Beginn

Orangensaft auf der Place Djemaa El Fna
Mein erster Weg in Marrakesch führt mich stets zur Place Djemaa El Fna und dort schnurstracks zu den Orangensaftverkäufern. Ein großes Glas frisch gepresster Saft ist für mich immer die erste Annäherung an die Stadt. Keine Bange wegen der Hygiene – es werden auch Strohhalme gereicht!

Insel der Entschleunigung
Sie sind luxuriöse Tempel der Körperpflege, Inseln der Entschleunigung inmitten des Gelärmes der Medina – die Hamams, die von jahrhundertealten Traditionen inspirierten arabischen Badehäuser. Schwellenangst ablegen und sich hineinkomplimentieren lassen!

Stilecht
Eine erste Annäherung an die Medina gestaltet sich per *calèche* entlang der alten Festungsmauern komfortabel und gemächlich. Die Pferdekutschen sind hier nicht nur Postkartenmotiv, sondern auch normales Verkehrsmittel. Route absprechen, Preis aushandeln und los.

In die Pedale treten
Auch eine Art, sich dieser Stadt zu nähern – und nicht die schlechteste. Marrakesch, diese vollkommen ebene Stadt per Fahrrad zu erkunden, eröffnet oft ganz neue Perspektiven. Abseits der Hauptstraßen und möglichst nicht gerade während der Rushhour oder der mittäglichen Sommerhitze lässt es sich gut in die Pedale treten – sei es auf einer geführten Fahrradtour oder auf eigene Faust.

Dinner im Riad
Sie haben in Marrakesch etwas zu feiern? Dann empfiehlt sich ein Dinner in einem der meist stilsicher restaurierten Riads in der Medina. Zwar sind gastronomische Meriten, zumal wenn Chefköche wechseln, schnell verspielt … Dennoch – meine Favoriten unter den Riad-Restaurants sind derzeit: Dar Zellij, Dar Moha, Palais Donab, Ksar El Hamra.

Das hat gerade noch gefehlt …!
… eine Eisbahn! Wer in Marrakesch partout Schlittschuh laufen will, kann das hier tun – im Obergeschoss der neuen, superluxuriösen Menara Shopping Mall (B 7, Av. Mohammed VI / Av. de la Ménara).

Café, Theater, Spektakel
Café de France – der Klassiker. Café Argana – nach ewigem Umbau wiedereröffnet. Les Terrasses de l'Alhambra – heißen inzwischen Zeitoun Café. Café Glacier – noch ein Klassiker. Egal, wo Sie Ihren Minztee oder Café Nouss-Nouss nehmen, die Djemaa El Fna ist, zumal abends, Spektakel und Theater, Freiluftlokal und Marktplatz, soziale Skulptur oder Film in Echtzeit. Sattsehen unmöglich!

Der Duft des Orients
Najib muss ein guter Menschenkenner und ein versierter Psychologe sein – anders könnte er diesen Beruf nicht ausüben. Er arbeitet als *créateur des parfums,* hat mit Größen der Branche wie Abderrazak Benchaabane gewirkt und sich als Schöpfer personalisierter Parfüms etabliert. Hauttyp, Persönlichkeit, Charakter – Najib stellt meist nur wenige Fragen, verlässt sich auf Instinkt und Erfahrung. Und kreiert aus einer Batterie von Flakons mit unterschiedlichsten Duftstoffen Schritt für Schritt ein für die Kundin (es sind eher Kundinnen als Kunden) maßgeschneidertes, personalisiertes Parfüm (400–500 DH/30 ml) – als Unikat! Sie erreichen Najib über den Riad Ifoulki (▶ S. 92).

Ich war oft und lange im Land unterwegs. Von allen Städten hat mich Marrakesch am meisten fasziniert. Dieses Universum in einer Stadt. Brodeltopf einer Kapitale. Marrakesch kann man nicht kennen, wohl aber immer neu erkunden. Der Rest ist Geheimnis.

Fragen? Erfahrungen? Ideen?

Mein Postfach bei DuMont:
buchholz@dumontreise.de

Das ist Marrakesch

Palmenhaine vor Schneegipfeln

... vermutlich die am häufigsten vertriebene Marrakesch-Postkarte. Das Motiv illustriert ein Klischee und beschwört doch eine Wahrheit, wie sie manchem Klischee innewohnt. Von Marrakesch als einer Stadt der Kontraste zu sprechen, ist natürlich ein Gemeinplatz, aber diese Kontraste prägen bereits die ersten Eindrücke des Neuankömmlings, sie bestimmen Klima und Geografie. Marrakesch, in die landwirtschaftlich intensiv genutzte Haouz-Ebene gebettet, ist von seinem Ursprung und Charakter her eine Oasenstadt, entstanden aus der riesigen Palmeraie, die heute ein ökologisch bedrohtes Biotop ist. 70 km südlich der Kapitale erstrecken sich die Gebirgsriegel des Hohen Atlas mit ihren Viertausendern; wer will, kann im Winter morgens von Marrakesch zum Skifahren starten und sich nachmittags, in die Stadt zurückgekehrt, am Hotelpool aalen – Palmen vor Schneegipfeln.

Auf Zeitreise

Ein Universum in einer Stadt. Abseits der Rushhour brauchen Sie mit dem Taxi von der Djemaa el Fna zur Place Abdelmoumen Ben Ali kaum 20 Min., vom Herz der Medina ins Zentrum der Neustadt. Eine Zeitreise vom Mittelalter in die Moderne. Noch so ein Klischee. Und doch wahr: Marrakesch ist uralt und hypermodern, ist Karawanserei und Shoppingmall, Medersa (Koranschule) und Start-up-Unternehmen, nach Handwerksgilden gegliederter Souk und Designerzentrum, maurischer Palast und futuristische Architektur, aufwendig restaurierter Riad und stylisches Boutiquehotel. Es gibt in den Stadtteilen Guéliz und Hivernage ein Marrakesch de luxe, mondän, glitzernd und fashionable – und in der Mellah, in etlichen Sektoren der Medina oder den Mietskasernen an der Peripherie ein proletarisches Marrakesch, schäbig, verrottet und verfallen. Gleichzeitigkeit des Ungleichzeitigen. Wenn – gegen elf, zwölf Uhr – die Medina abends zur Ruhe kommt, beginnt in den Bars, Nachtclubs und Discos der Neustadt das Schaulaufen der Schönen und Reichen. An der Place du 16 Novembre Stretchlimousinen, in der Medina Bauschutt transportierende Lastesel und Gepäckträger, die Koffer der Touristen zielsicher durch das Gassenlabyrinth zum gebuchten Riad navigierend. Hierzulande ausgestorbene Berufe sind in Marrakesch gelebter Alltag: Uhrmacher, Barbiere, Schuhmacher und Schuhputzer, öffentliche Schreiber ...

Das Paris der Sahara

Marrakesch ist ein der Zeit entrücktes urbanes Märchen – das wird nirgendwo so deutlich wie auf der Place Djemaa El Fna, diesem Scharnier zwischen Medina und Neustadt, zwischen der Sphäre des Profanen und des Sakralen, in Sichtweite der Koutoubia-Moschee, dem Wahrzeichen der Stadt. Von Hugo von Hofmannsthal (Marrakesch, »das Paris der Sahara«) bis Elias Canetti, von Hubert Fichte bis Juan Goytisolo beschrieben und beschworen, scheint sich dieser Platz, seit 2001 von der UNESCO als immaterielles Weltkulturerbe geschützt, allen Etikettierungen zu entziehen.

Marrakesch, Stadt der Kontraste – schon die Natur um die Stadt deutet es an.

Sinnliches Marrakesch

Hennarot, Safrangelb, Kholschwarz, Minzgrün, Indigoblau – in den Souks der Gerber und Wollfärber ein Spektrum leuchtender Farben. Dazu betörende Düfte – Amber und Moschus, Zimt und Muskat. Spezielle Souks nur für Gewürze. Für Schmuck. Für Leder. Für Kaftane. Für Arganöle, Seifen, Parfüms. Für Lampen, Holzeinlegearbeiten, Keramik, getriebenes Kupfer. Luxuriöse Hamams, die hohe Kultur des arabischen Badehauses als Tempel der Schönheitspflege und der Entschleunigung. *Harira, tajine, couscous, merguez, brochettes, mechoui* als Elemente einer raffinierten Haute Cuisine. Marrakesch kann zu einem Ort sinnlicher Sensationen werden. Und ist auch eine anstrengende, eine vergleichsweise schwierige Stadt.

Geheimnisvolles Marrakesch

Die Sprachbarriere gegenüber dem Arabischen und die Kulturbarriere gegenüber einer muslimischen Zivilisation machen alles schnelle Begreifen, alles fixe Bescheidwissen unmöglich. Marrakesch ist und bleibt ein Mysterium, ein unbegriffenes, womöglich unbegreifbares Rätsel. Melange aus arabischen, berberischen und schwarzafrikanischen Traditionen. Jahrhundertelang Ziel der alten Karawanenrouten, liiert mit Timbuktu, Drehscheibe zwischen Sahel und Maghreb. Ich kenne keinen wirklich zuverlässigen Stadtplan der Medina von Marrakesch – überall Leerstellen, namenlose Gassen, weiße Flecken, Unbekanntes und Unbenanntes. Die unendlich komplexe Topografie dieses Geländes ist offenbar von keiner modernen Kartografie zu erfassen. Diese Stadt liefert sich nicht aus. Ihre Geheimnisse muss man allmählich ergründen – mit Instinkt und Beharrlichkeit, mit Courage und Fortüne. Und mit der Bereitschaft zum Scheitern. Es behaupte niemand, er kenne diese unvergleichliche Stadt! Schon gar nicht wie seine sprichwörtliche Westentasche!

Marrakesch in Zahlen

2

Mal, unter den Almohaden und den Saadiern, war Marrakesch Hauptstadt Marokkos.

7

Stadtheilige (Les sept saints de Marrakech) werden als Vertreter sufischer Mystik des 12.–16. Jh. bis heute in der Stadt verehrt.

14

km lang sind die Befestigungswälle rund um die Medina.

24

Stadttore (Bab) sind in die Festungsmauern um die Medina eingelassen.

33

Jahre lang ist die Medina von Marrakesch 2018 Weltkulturerbe der UNESCO (seit 1985)

160

Juden leben heute noch in der Mellah, die einst eine der größten jüdischen Gemeinden Marokkos beherbergte.

196

Staaten nahmen 2016 an der 22. UNO-Weltklimakonferenz in Marrakesch teil.

230

km² (mit Vororten) umfasst Marrakeschs Stadtfläche.

360

Zimmer hatte der unter Ahmed El Mansour erbaute El-Badi-Palast.

950

Jahre alt wird Marrakesch, laut überliefertem Gründungsdatum (1070), im Jahr 2020.

1500

Riads, in etwa, soll es in der Medina von Marrakesch geben.

4700

Einwohner/km² leben in Marrakesch.

25 000

Gläubige finden in der großen Gebetshalle der Koutoubia Platz.

40 000

Kunsthandwerker arbeiten in den diversen Souks der Medina.

97 034

Touristen aus Deutschland reisten 2016 via Marrakesch nach Marokko ein, dreimal so viele Übernachtungen Deutscher registrierte die Stadt.

300 000

Dattelpalmen soll es noch in den 1990er-Jahren in der Palmeraie gegeben haben

1 100 000

Einwohner leben derzeit in Marrakesch (Schätzwert).

77

m hoch ist das Minarett der Koutoubia-Moschee, das höchste Gebäude der Stadt.

Was ist wo?

Marrakesch gibt es nicht! Oder genauer: Von Marrakesch kann man eigentlich nur im Plural sprechen. Die Stadt ist ein Kaleidoskop aus extrem verschiedenen Elementen, die sich ständig verändern. Vollkommen eben, in der Medina von kurzen, fußläufigen Distanzen geprägt, ein Kosmos in einer Nussschale.

Überblick

Wer zum ersten Mal in Marrakesch ankommt, findet das Klischee vermutlich bestätigt: eine hektische, lärmige und unübersichtliche Metropole. Die Medina ein labyrinthisch zerklüftetes Gelände, wo man nichts gezielt suchen, alles nur zufällig finden kann. Die Souks ein einziges Chaos, Warenwelt ohne Festpreise, Gewusel von Menschen. Die Sprache ein nie gehörtes Rätsel, das arabische Alphabet ein kalligrafisches Mysterium. Eine zutiefst fremde Welt, in der Wahrnehmung im besten Fall exotisch, im schlimmsten Fall gespenstisch.
Doch Marrakesch ist anders, ganz anders. Man navigiert hier, die ersten Eindrücke korrigierend, in einer bemerkenswert klar strukturierten Großstadt. Zugegeben, es braucht Zeit für diese Einsicht. Marrakesch ist – ganz anders als etwa Fès – ein urbaner Kosmos, durchzogen von kilometerlangen Prachtavenuen und Sichtachsen (Av. Mohammed V, Av. Mohammed VI, Av. de la Ménara, Av. Hassan II). Die **Avenue Mohammed V** (🕮 A–E 4–6) ist die wichtigste Schnittstelle zwischen Medina und Neustadt.

> **Ü ÜBRIGENS**
>
> Obschon der Hype auf die Riads in der Medina einen unglaublichen Immobilienboom und eine zügellose Spekulation ausgelöst hat, gibt es, erstaunlich genug, in Marrakesch außerhalb der Medina große unverbaute Freiflächen und brachliegende Gelände, die dem Zugriff der Investoren noch entzogen sind. Marrakesch ist zudem eine Metropole, in der – wie sonst nur in Casablanca – extreme soziale Gegensätze aufeinander prallen.

Die Medina

Die **Medina** (🕮 Karte 2) ist von einem Ring gewaltiger Stadtmauern umschlossen, in die, topografisch in etwa korrespondierend, um die 24 mächtige Stadttore eingelassen sind, die die Eingänge zu den (Alt)Stadtteilen markieren. Mehrere Hauptachsen durchziehen die Medina (im südlichen Sektor die parallel verlaufenden Straßenzüge Rue Riad Zitoun El Kedim / Rue Riad Zitoun El Jedid, im nördlichen Sektor die Rue Souk Semmarine / Rue Souk Nejjarine), die, kehrt man nach Quergängen immer wieder hierhin zurück, selbst in diesem unübersichtlichen Terrain den Kurs weisen. Der topografischen Struktur entspricht durchaus eine soziale Ordnung. Die Medina, in der fast alle klassischen Sehenswürdigkeiten liegen, ist mit ihren riesigen **Souks** das Zentrum des traditionellen Kunsthandwerks, dessen wichtigste Branchen Lederverarbeitung, Teppichweberei, Keramik, Textilien, Holzschnitzerei, Metallverarbeitung (Kupfer- und Eisenschmiede) sowie Schmuckherstellung sind.

Place Djemaa El Fna und Koutoubia

Wer in der Medina Richtung und Orientierung verloren hat, fragt einfach nach *la place* – die **Djemaa El Fna** (🕮 Karte 2, E/F 6) ist in Marrakesch ein derart konkurrenzloses Zentrum, dass das völlig unbestimmte *la place* als Synonym für sie gilt. Marrakesch hat eine Unzahl von Plätzen – aber eben keinen zweiten wie diesen. Ähnlich konkurrenzlos ist das architektonische Wahrzeichen der Stadt, die **Koutoubia-Moschee** (🕮 Karte 2, E 6) mit ihrem weithin sichtbaren, 77 m hohen Minarett. Letztlich beginnen oder enden alle Expeditionen durch die Medina immer wieder an der Djemaa El Fna – schon deshalb sollte man sich einen Überblick über das verwinkelte Areal verschaffen, am besten von einer der großen Panoramaterrassen der umliegenden Cafés (Café de France, Café Glacier, Café Argana, Café Zeitoun, Hôtel CTM).

Guéliz
Die Neustadt, vor allem **Guéliz** (🕮 A–C 4), ist das Viertel der Behörden und Banken, der modernen **Shoppingmalls** (Marrakech Plaza, Carré Eden, Menara Mall) und **Tourismusunternehmen** (Délégation du Tourisme, Reiseveranstalter, Mietwagenfirmen, Agenturen der großen Airlines), der eleganten **Cafés** und der renommierten À-la-carte-**Restaurants.**

Hivernage
In Hivernage (🕮 B/C 5/6), ebenfalls Teil der Neustadt, findet sich eine Art *Marrakech de luxe.* Hier liegen die großen **Fünf-Sterne-Hotels,** das **Kasino,** der **Kongresspalast** und das **Théâtre Royal**, dazu einige Parks und Gartenanlagen, wie der **Cyber Parc Arsat Moulay Abdessalam** und der **Jardin El Harti.**

Peripherie
Die Peripherie der Stadt prägen trostlose Wohnsilos, Industrieviertel, aber auch weitläufige Parks, Gartenanlagen und Olivenplantagen, darunter die **Jardins de la Ménara** (🕮 A 6–8 und westlich davon), die **Jardins de l'Agdal** (🕮 F 9/10 und außerhalb) sowie die ausgedehnte **Palmeraie** (🕮 G/H 1 und nördlich), die eine Ahnung von der Oasenstadt Marrakesch vermittelt. Das **Quartier Industriel Sidi Ghanem** (🕮 nördlich A 1) zeigt ein weiteres Gesicht Marrakeschs – die Designhochburg.

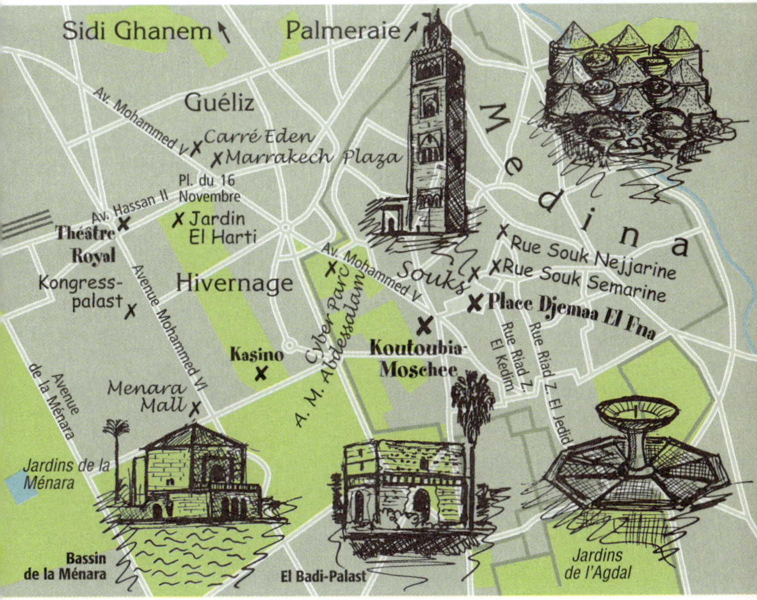

Aus der Ruhe kommt die Kunst

Was in Handarbeit entsteht – hier sogar mit links! – ist ein Unikat, das Gegenteil industrieller Serienproduktion. Kunst-Handwerk. Gefertigt wird nach uralten Traditionen, nach kanonisierten Mustern, mit bewährtem Werkzeug, mit vertrauten Materialien. Dekor-Kunst. Keine figürliche Abbildung, sondern Arabeske und Ornament. Reine Abstraktion. Und darum von meditativer Ruhe. Gelassenheit, die auf den Betrachter ausstrahlt. Und auf den Künstler verweist.

Auf dem Platz der Plätze

Immaterielles Weltkulturerbe – geht es noch sperriger? Freilich – wie ließe sich dieses Mysterium anders auf den Begriff bringen, und auf welchen? Der Kulturraum der Djemaa El Fna ist in der Tat ein immaterieller, weder an Gebäude noch an Kunstschätze gebunden, stattdessen: Hingabe an den Augenblick, Feier des Lebens, Klang, Farben, Bewegung, Verführung. Mit entwaffnender Selbstverständlichkeit wird die Djemaa El Fna schlicht »la place« genannt – der Platz, so als gäbe es keinen anderen, keinen zweiten. Dieser Platz atmet seit Jahrhunderten. Und hört nicht auf zu atmen. La place …

Eilen und Verweilen

Könnten Sie sich vorstellen, einer der drei jungen Herren im Hintergrund würde mit einem Kleinkind auf dem Arm durch die Medina eilen? Das aus dem Koran abstrahierte Prinzip der Geschlechtertrennung prägt bis heute den öffentlichen Raum in Marokko. Und legt vergleichsweise traditionelle Geschlechterrollen fest. Die Männer – sie scheinen viel Zeit zu haben – die Lässigkeit in Person, die Frau eilenden Schritts. Böse Zungen behaupten: Männer palavern, Frauen malochen ...

Ihr Marrakesch-Kompass

#2
Koutoubia, Kommerz und Kommunikation

#3
Maurische Paläste – **Dar Si Said und Palais de la Bahia**

#1
Der Herzschlag der Medina – **die Place Djemaa El Fna**

PLATZ FÜR 25 000 GLÄUBIGE

Diese Kulisse ist echt

ANARCHISCHE ORDNUNG

WOMIT FANGE ICH AN?

EN GROS
Hier kaufen die Profis ein!

#15
Marrakeschs Designerzentrum – **Sidi Ghanem**

WENN MAN DATTELKERNE EINFACH WEGWIRFT

»Die Farbe hat mich«

Schick, hip und trendy

#14
Marrakeschs Ursprung – **die Palmeraie**

#13
Ein Traum in Farben – **der Jardin Majorelle**

#12
Marrakesch de luxe – **Hivernage und Guéliz**

#4
Das proletarische Gesicht der Stadt – **die Mellah**

#5
Aura des Verfalls – **der El-Badi-Palast**

KORAN TRIFFT TALMUD

Vergangene GRÖSSE verfallene PRACHT

Reise ins Jenseits →

#6
Die Nekropole der Saadier – **das Kasbah-Viertel**

LUST AM FEILSCHEN? →

#7
Orientalische Basarökonomie – **Souks in der Medina**

KOMPLETT ABSTRAKT

#8
Kalligrafie und Arabeske – **die Medersa Ben Youssef**

VON DER GEGENWÄRTIGKEIT DES VERGANGENEN →

#9
Einzigartig – **Maison de la Photographie**

Kalkbäder, Taubenkot und Sud

ES GIBT NICHTS, WAS ES NICHT GIBT

#11
Alles ist brauchbar – **der Flohmarkt am Bab El Khemis**

#10
Mittelalter hautnah – **das Quartier des Tanneurs**

1

Der Herzschlag der Medina – **die Place Djemaa El Fna**

Sie suchen den besten Einstieg in die Atmosphäre der Stadt? Dann ist dieser Platz der richtige Startpunkt. Die Place Djemaa El Fna ist bis heute das lebhafte Zentrum der Medina, der Treffpunkt der Einheimischen, wo Geschichte auf pulsierendes Leben trifft.

Die Djemaa El Fna, seit 2001 von der UNESCO als immaterielles Weltkulturerbe geschützt, hält eine einzigartige Balance aus Reglement und Improvisation, aus Beharrung und Bewegung, aus Kalkül und Chaos. Die ›Versammlung der Toten‹ gilt als Afrikas berühmtester Platz. Ihr Name verweist auf blutrünstige Historie. Hier – und sofort beginnt die Legende zu raunen, sofort beginnt sich Geschichte aufzulösen in einem Reigen aus Gerüchten – wurden die eingepökelten Köpfe der Hingerichteten auf Stangen aufgespießt, der gaffenden Menge als Menetekel präsentiert. Vielleicht ist es bezeichnend für diesen Platz, dass sich seine Geschichte

Gebiss to go: Wo so viel gekauft und gegessen wird, findet auch der Zahnersatz-Verkäufer seine Kunden.

im Mythos verliert, ungreifbar bleibt, dem Zugriff von Analyse und Wissenschaft entzogen.

Waren und Wandel, Karawanen und Handel

Gesichert ist allenfalls, dass dieser Platz seit Jahrhunderten ein Zentrum kultureller Begegnung, ein Raum kulturellen Austauschs gewesen ist, ein Passagenort, wo ein täglicher Transfer stattfand zwischen berberischen, arabischen und schwarzafrikanischen Kulturen und Traditionen. Hier kamen die legendären Karawanen aus dem Sahel an, hier wurden Waren, auch Sklaven, gehandelt und Geschäfte abgeschlossen, Elfenbein gegen Stoffe, Salz gegen Gewürze, Gold gegen Lebensmittel, Leder gegen Seide. Und hier wurde, schon damals, Zerstreuung und Unterhaltung gesucht nach den Strapazen der Wüste.

Einige Grundelemente, die die Dramaturgie der Djemaa El Fna noch immer bestimmen, sind offenbar seit jeher unverändert geblieben. Bis heute ist der Platz für die Marrakchi, die Einwohner von Marrakesch, ein Ort, an dem vitale Bedürfnisse befriedigt werden: Man kauft hier ein, man isst hier zu Abend, man lässt sich hier unterhalten.

Mich müssen die Orangensaftverkäufer auf der Place Djemaa El Fna gar nicht besonders aufwendig anlocken – mein erster Weg in Marrakesch führt immer zu einem von ihnen.

Die Herzkammer der Medina

Die Djemaa El Fna ist, als eine Art Herzkammer der Medina, der Ausgangspunkt aller Touren durch die Altstadt, weshalb es sich empfiehlt, von einer der umliegenden Dachterrassen aus einen Überblick über das Gelände zu gewinnen, nicht zuletzt, um zu erkennen, wo die Hauptadern durch die Medina auf den Platz münden. Zwischen dem **Café de France** ❶ und dem Restaurant **Le Marrakchi** ❷ zweigt die Rue de Banques ab, die in die Rue Riad Zitoun El Jedid übergeht, die ihrerseits auf die Place des Ferblantiers mündet. Eine parallel verlaufende Hauptachse durch die südliche Medina ist die Rue Riad Zitoun El Kedim, die neben dem alten **CTM-Gebäude** 1 an einem Torbogen ihren Anfang nimmt und ebenfalls auf die Place des Ferblantiers mündet.

Direkt gegenüber dem Café de France liegt der günstigste Einstieg in die nördliche Medina; wer der Hauptgasse, der Rue Souk Semarine, strikt folgt, passiert etliche Spezialsouks und landet beim Musée de Marrakech in der Nähe von Moschee und Medersa Ben Youssef. Wer schließlich den Einstieg

F
FICHTE

Hubert Fichte hat in seinem Marrakesch-Buch **Der Platz der Gehenkten** die »offenen Geometrien« der Place Djemaa El Fna als zentrales Merkmal dieser Topografie in den Blick genommen. Hier ist in der Tat keine klassische Piazza zu bewundern, sondern ein asymmetrisch zerklüftetes Gelände, das seine ganz eigenen Gezeiten kennt.

links neben dem **Café Argana** 3 wählt, gelangt zum Stadttor Bab Ftouh und dann über die Rue Mouassine in die Souks Mouassine und Cherifia. Eine Art »Aorta« (Hubert Fichte) verbindet die Djemaa El Fna über die Place de Foucault mit der **Koutoubia-Moschee** 2, wo die kilometerlange Avenue Mohammed V ihren Ausgang nimmt.

Die Ordnung der Anarchie

Keine Bange, wenn Ihnen einer der Schlangenbeschwörer im Eifer des Gefechtes mal eben eine seiner Kobras um den Hals legt – immerhin könnten Sie ein dankbares Fotomotiv sein. Den Reptilien sind die Giftzähne gezogen worden – behaupten die Schlangenbeschwörer. An einem Schlangenbiss auf der Djemaa El Fna ist jedenfalls noch kein Marrakesch-Tourist gestorben. Sagen die Schlangenbeschwörer, die ›charmeurs des serpents‹.

So wie die zunächst unübersichtlich wirkende Place Djemaa El Fna mit der Zeit ihre topografischen Konturen enthüllt, so gibt der Platz auch allmählich seine spezifischen Gezeiten, das Regelwerk seiner inneren Dramaturgie zu erkennen. Ab etwa 16 Uhr werden, auf einem farblich abgesetzten Areal, die **Essensstände** aufgebaut, die durchnummeriert sind und allabendlich am immergleichen, genau festgelegten Stellplatz installiert werden. Die Akteure, die die Bühne des Platzes bevölkern, haben genau bestimmte Rollen und präzise gefasste szenische Anweisungen, die sich nicht zuletzt auf den Ort beziehen, den sie innerhalb eines lebendigen Mosaiks einzunehmen haben. Wer zu verschiedenen Tages- und Nachtzeiten über den Platz flaniert, wird bald die dem vermeintlich anarchischen Getümmel zugrundeliegende Ordnung und Segmentierung der Djemaa El Fna erkennen: Schlangenbeschwörer, Affendresseure, Wahrsager, Märchenerzähler, Wunderheiler, Wasserverkäufer, Musiker, Akrobaten, Hennamalerinnen, fliegende Händler, selbst die Schuhputzer gehen ihrem Metier Tag für Tag auf einer genau bestimmbaren Parzelle de Platzes nach.

Die Djemaa El Fna ist der organische Rahmen für eine Inszenierung aus Improvisation und Routine, die sich, einer geheimen Regie folgend, immer wieder aufs Neue erfindet. Die Frage, wer oder was hier die Regie übernimmt, scheint kaum zu beantworten – mag sein, dass das Kollektiv aller Akteure an ihr teilhat. Das Ensemble dirigiert sich selbst.

Der 2017 verstorbene spanische Romancier und Essayist Juan Goytisolo, der viele Jahre direkt an der Djemaa el Fna lebte, hat den Platz mit einem Palimpsest verglichen, wo jeden Tag die Schicht einer verborgenen Schrift abgetragen und eine Schicht neuer Schrift eingetragen wird, ein ewiger Zyklus aus Löschung und Schöpfung. Ein treffendes Bild, zumal die Djemaa El Fna auch dies ist: historisches Palimpsest, Schichtung aus Geschichte.

INFOS/ÖFFNUNGSZEITEN

Koutoubia-Moschee 2: ► S. 24
Café de France 1: Place Djemaa El Fna, T 0524 44 23 19, www.cafe-france-marrakech.com, tgl. 6–22 Uhr, 60/70–100 DH. In der legendären Adresse können Sie sich auch einmieten (► S. 23).
Le Marrakchi 2: 52, Rue de Banques, direkt an der Place Djemaa El Fna, T 0524 44 33 77, tgl. 12–15, 19–24 Uhr. Das Restaurant setzt ganz auf marokkanische Gastroklassiker wie *couscous, tajines, grillades* (um 150 DH) oder *mechoui* (um 400 DH/2 Pers.) dreigängiges Menü Marrakchi 300 DH, *menu dégustation* 600 DH, *brochettes* (80–140 DH), Vorspeisen (50–90 DH); Weinkarte. Speisesaal mit schönem Panorama.
Café Argana 3: Place Djemaa El Fna, T 0524 44 53 50, 0524 42 68 99, tgl. 7–24 Uhr, 100–150 DH. Das Café, im April 2011 Ort eines terroristischen Anschlags, ist nach Umbau und Komplettrenovierung (inzwischen mit Sicherheitsschleuse!) seit 2016 wieder geöffnet. Hat offensichtlich – der Lauf der Zeit – an neuem Schick gewonnen, was es an alter Grandezza eingebüßt hat.

KULINARISCHES FÜR ZWISCHENDRIN

Empfehlenswert sind auch das **Café Zeitoun 4** (107, Place Djemaa El Fna, T 0524 42 75 70, www.zeitouncafe.com, tgl. 9–23 Uhr, 80/90–120 DH), ein Restaurant ebenfalls mit Panoramaterrasse, und das **Café Glacier 5** (Place Djemaa El Fna, T 0524 44 21 93, tgl. 8–23 Uhr). Wenn Sie Lust auf ein leichtes Mittag- oder Abendessen, einen Salat oder eine *harira* haben, dann empfiehlt sich das Restaurant **Chez Chegrouni 6** (4–6, Place Djemaa El Fna, gegenüber der Moschee Kharbouch, T 0661 43 41 33, tgl. 11.30–23 Uhr). Simpel-rustikales Ambiente, einfach und gut, keine Adresse für gastronomische Offenbarungen, wohl aber für schmackhafte marokkanische Gerichte (50–70 DH), kein Alkohol. Überwältigendes Panorama, zumal am Abend, von der oberen der beiden Terrassen!

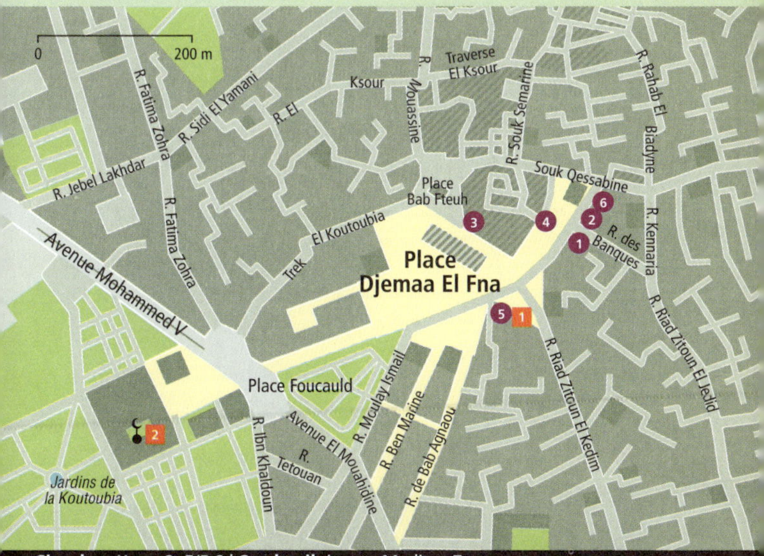

Cityplan: Karte 2, E/F 6 | **Stadtteil:** innere Medina, Zentrum

2

Koutoubia, Kommerz und Kommunikation

Orientierungspunkt, architektonisches Wahrzeichen und religiöser Mittelpunkt Marrakeschs trifft auf moderne Technik, eine Oase der Ruhe und studentisches Leben, auf Kunsthandwerk und Einkaufsmöglichkeiten – all das finden Sie rund um die Koutoubia.

Tradition und Moderne, Pferdekutschen und Autos, Einheimische und Touristen treffen am Minarett der Koutoubia aufeinander.

Augenfällig ...

Sie ist ein guter Orientierungspunkt, in den kilometerlangen Sichtachsen von Avenue Mohamed V, Avenue de la Ménara und Route d'Ourika, denn sie ist von Weitem sichtbar: die **Koutoubia-Moschee** 1 mit ihrem 77 m hoch aufragenden Minarett. Auf alten Schwarz-Weiß-Fotos um 1900 ist deutlich zu erkennen, wie sehr die Koutoubia, an der Nahtstelle zwischen Medina und Neustadt,

also auch zwischen sakraler und profaner Sphäre, das Gelände als architektonisches Mahnmal beherrscht. Ab 1158 wurde die Koutoubia an der Stelle einer almoravidischen Moschee erbaut, deren Fundamente freigelegt sind.

... stilbildend und doch geheimnisvoll

Die Proportionen des Minaretts mit einem Verhältnis von etwa eins zu fünf zwischen Breite und Höhe, der jeweils verschieden gestaltete Ornamentschmuck an den vier Seitenansichten sowie die von 112 Pfeilern gestützten 17 Schiffe der großen Gebetshalle, in der etwa 25 000 Gläubige Platz finden, haben für den marokkanischen Moscheenbau stilbildend gewirkt. Freilich erschließen sich für die meisten Besucher weder die architektonische noch die spirituelle Bedeutung dieses Bauwerks: Die Moschee bleibt – wie alle marokkanischen Moscheen außer der Grande Mosquée Hassan II in Casablanca – für Nicht-Muslime verschlossen.

Allenfalls beim Freitagsgebet lässt sich ein verstohlener Blick durch die halb geöffneten Portale ins Innere der Moschee erhaschen und so vielleicht eine Ahnung davon gewinnen, in welchem Ausmaß die Religion bis heute den Alltag der Gläubigen prägt. Ohrenfällig wird diese Bedeutung durch die Gebetsrufe des Muezzin, die den Tagesablauf strukturieren (angeblich ruft der Muezzin die Gebetsstunden vom Minarett der Koutoubia noch persönlich aus, sonst ist er längst von einer Tonbandaufnahme ersetzt worden).

Telekommunikation in der Ruhezone

Die Gärten um die Koutoubia gehen nördlich der Rue Abdou El Abbas EL Sebti in den sehr gepflegten **Cyber Parc Arsat Moulay Abdessalem** 2 über. Der 8 ha umfassende Park ist eine Art multifunktionales Refugium mitten in der lärmumtosten Innenstadt: alter Baumbestand aus Palmen- und Olivenhainen, Botanischer Garten und Campus, Flaniermeile und Ruhezone, Cyber Park mit Touchscreens und Ausstellungsgelände, Werbefläche für die Umweltstiftung Mohammeds VI und Amphitheater, Open-Air-Gelände und studentische Kontaktbörse in einem. Gleich am Haupteingang lohnt die kleine, aber interessante Ausstellung zur Geschichte des Telefons in Marokko einen Blick: uralte Telefone, die ältesten Modelle aus den 1890er-Jahren,

Ü
ÜBRIGENS

Wie die Koutoubia zu ihrem Namen kam? Ganz einfach: Der Name geht auf die Buchhändler zurück, deren Souk sich früher auf dem Gelände der heutigen Moschee befand. Sie verkauften hier religiöse Schriften – und Buch heißt auf Arabisch *kitab*.

▶ LESESTOFF

Wenn Sie sich Marrakesch literarisch nähern möchten, lesen Sie doch die Erzählung »Marrakesch – Königin der Wüste« des 2015 verstorbenen spanischen Autors Rafael Chirbes: »Die Stadt hat etwas von einem geordneten Archiv, eine geheime Ordnung, die den ersten Eindruck von Chaos korrigiert, den Taumel auflöst, der jenen erfasst, der noch nicht mit dieser Stadt gelebt hat.« Der Text ist neben Erzählungen anderer Autoren – übrigens auch Juan Goytisolos »Djemaa El Fna – Meisterwerk der Improvisation« im Band **Marokko fürs Handgepäck. Geschichten und Berichte – Ein Kulturkompass** (Hrsg. Lucien Leitess, Zürich 2013) erschienen.

auch Telefonanlagen aus der Ära der handvermittelten Ferngespräche sowie Feldtelefone aus den 1930er/40er-Jahren illustrieren gleichsam die Kinderjahre der marokkanischen Telekommunikation.

INFOS/ÖFFNUNGSZEITEN

Cyber Parc Arsat Moulay Abdessalam 2: tgl. 9–18 Uhr, freier Eintritt
Ensemble Artisanal 1: Av. Mohammed V, neben dem Rathaus (Hôtel de Ville), Mo–Sa 9–18, So 9–14 Uhr, manche Läden über Mittag geschlossen

KULINARISCHES FÜR ZWISCHENDRIN

Das sehr beliebte und entsprechend frequentierte Café **Ground Zero** 1 (Av. Mohammed V, gegenüber der Koutoubia, T 0524 37 70 70, tgl. 7.30–1 Uhr, Frühstück 30–50 DH, Sandwichs und Omelettes um 40 DH, Crepes 30–40 DH, Eisspezialitäten 45 DH, Kaffee/Capuccino 20 DH) besitzt eine Außenterrasse, von der sich ein schöner Blick auf die Koutoubia bietet.

Wenn Sie Lust auf italienische Gerichte haben, ist das **Portofino** 2 (279, Av. Mohammed V, T 0524 39 16 65, tgl. 11–23 Uhr) die richtige Wahl. Der Service in diesem angenehmen, dezent gestylten Lokal ist freundlich. Mit Blick auf die Koutoubia werden hier Pasta (60–80 DH), eine große Auswahl an Pizzen (50–70 DH), aber auch *tajines* und *couscous* (80–100 DH) serviert. Marokkanische Gastroklassiker oder doch lieber thailändische Küche (um 200 DH) oder Vegetarisches (150–200 DH)? Das **Narwama** 3 (30, Rue Koutoubia, T 0524 44 08 44, www.narwama.com, tgl. 19.30–24 Uhr) bietet all das. Die gediegene Kombination aus Restaurant, Lounge und Bar(s) liegt obendrein in einer Riad-Anlage mit Patio. Mit Alkoholausschank.

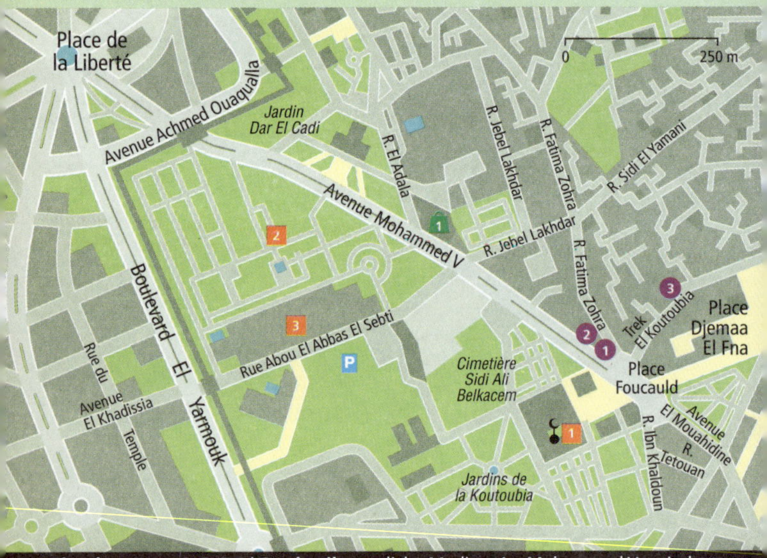

Cityplan: Karte 2, D/E 6 | **Stadtteil:** westliche Medina, Av. Mohammed V zwischen Place de Foucault und Bab N'kob

Kooperativen, Kommerz und Kunsthandwerk

Dem Park Arsat Moulay Abdessalem direkt gegenüber befindet sich der **Ensemble Artisanal** 1, die staatlich geführte Kooperative des marokkanischen Kunsthandwerks. Hier finden Sie auf zwei Etagen eine ganze Phalanx von Läden, in denen Produkte aus allen klassischen Sparten des nationalen Kunsthandwerks angeboten werden: Schmuck, Holzschnitzereien, Metallarbeiten, Teppiche, Keramik, Lederartikel, Kaftane oder Kosmetikprodukte. Im Erdgeschoss sind mehrere Webstühle aufgebaut, wo Sie den Weberinnen, die sich zu Frauenkooperativen zusammengeschlossen haben, bei der Arbeit zusehen können (z. B. Cooperative Al Wifaq, Boutique Nr. 29) – und ermessen, wieviel Arbeitszeit in der Herstellung eines einzigen handgewebten Teppichs steckt.

In den Läden des Ensemble Artisanal gelten Fixpreise, die meisten Waren sind ausgeschildert. So haben Sie hier eine der raren Möglichkeiten, sich vor den Preisverhandlungen in den Souks über ein halbwegs realistisches Preisniveau zu informieren. Freilich scheint die Qualität der Ware nicht immer wirklich überzeugend. Wer hart und geschickt verhandelt, dürfte Waren von mindestens gleicher Qualität in den Souks um etwa 20–30 % günstiger erstehen. Für eine erste Orientierung über Warensortiment und Preisniveau ist ein Besuch im Ensemble Artisanal, zumal für Marrakesch-Neulinge, aber außerordentlich nützlich.

UM DIE ECKE

Hier bringt der König Staats- und Regierungschefs, die in Marrakesch weilen, unter: Das **Royal Mansour** 3 (Rue Abdou El Abbas El Sebti, T 0529 80 80 80, www.royalmansour.com) ist *das* Luxushotel der Stadt. Auch wenn Sie gerade nicht das nötige Kleingeld parat haben, um hier abzusteigen (DZ ab 900 €): Nach Voranmeldung können Sie durchaus mal auf einen Minztee in den heiligen Hallen vorbeischauen. Immerhin gehört das Royal Mansour, ein architektonisches Ensemble aus 53 selbstständigen ›Riads‹, zu den Etablissements, die 2016 von der Fondation Mohammed VI, der Umweltstiftung des Monarchen, mit einem *clef verte*, einem grünen Schlüssel, ausgezeichnet wurden.

Ü
ÜBERBLCK

Einen guten Überblick über in Marrakesch übliche Preise gewinnen Sie auch, wenn Sie mal einem der großen Marjane-Supermärkte einen Besuch abstatten. Diese **Supermärkte,** auch andere große *centres commerciales*, finden sich, etwas an die städtische Peripherie ausgelagert, zumeist an den großen Ausfallstraßen.

Infos gewünscht? Auf zu einem der computerisierten Infostände.

3

Maurische Paläste – **Dar Si Said und Palais de la Bahia**

Schwelgen in orientalischer Pracht, das ermöglichen Ihnen diese beiden Paläste, was auch Filmemacher erkannt haben, denen der prunkvolle Palais de la Bahia immer wieder als Kulisse dient. In beiden Bauwerken erleben Sie eindrucksvoll die Prinzipien maurischer Palastarchitektur und die ausgefeilten Standards arabischer Wohnkultur im späten 19. Jh.

Auch Einheimische staunen ob der dekorativen maurischen Pracht im Palais de la Bahia.

Die beiden in etwa parallel verlaufenden Achsen durch die südliche Medina, die Rue Riad Zitoun El Kedim und die Rue Riad Zitoun El Jedid, verbinden die zentrale Place Djemaa El Fna mit der Place des Ferblantiers und dem alten jüdischen Viertel, der Mellah. Wer, ohne sich in den Quer-

gassen zu verlieren, strikt dem Verlauf der Rue Riad Zitoun El Jedid folgt und sich an den auf etliche Fassaden gepinselten Hinweispfeilen orientiert, erreicht nach etwa 500 m das Dar Si Said.

Traditionelles Handwerk im Palast

Das **Dar Si Said** 1, ein Wesirspalast (arab. Wesir = Berater des Sultans, hoher Beamter) aus dem späten 19. Jh., ein Ensemble aus Privatgemächern und Empfangsräumen, Hallen und Innenhöfen, beherbergt heute ein sehenswertes **Museum marokkanischer Volkskunst.** Die Bestände, auf zwei Etagen und in zwölf Sektionen verteilt, illustrieren alle wichtigen Branchen des traditionellen marokkanischen Handwerks. So finden Sie hier kunstvoll geschnitzte Holztüren und aufwendig verzierte liturgische Objekte vor, außerdem Lederwaren, Berberteppiche mit streng geometrisch arrangiertem Flächendekor, Töpferwaren, lasierte Keramik, die für die Teezeremonie unerlässlichen Gerätschaften aus getriebenem Kupfer und Silber, Waffen und Silberschmuck sowie, im ersten Stock, meisterhaft gedrechselte Holztruhen, aus edlen Stoffen gewirkte Kaftane und eine Sammlung traditioneller Musikinstrumente. Insgesamt präsentiert das Museum einen guten kompakten Überblick über Materialien, Stilrichtungen, Verarbeitungsvarianten und Dekorkunst – also exakt über jene Prinzipien, die das marokkanische Kunsthandwerk jahrhundertelang bestimmt haben.

Der große **Innenhof** mit Pavillon, Springbrunnen und geradezu tropisch anmutender, üppig blühender Bepflanzung illustriert eines der wichtigsten Merkmale des arabischen Riad: das Bemühen, ein Haus nach innen zu öffnen, dem Privaten und Familiären im Innenhof ein intimes Refugium, einen Ort der Ruhe, gar der inneren Einkehr zu gewähren. Nicht umsonst ist der arabische Begriff des Harem ein Synonym für diese nach außen abgeschirmte, eifersüchtig gehütete Privatheit und Intimität.

Maurische Palastarchitektur

Die Rue Riad Zitoun El Jedid mündet, in unmittelbarer Nähe der Place des Ferblantiers, auf einen Gewürzsouk *(Souk des épices);* linker Hand findet sich das Eingangsportal zum **Palais de la Bahia** 2. Der weitläufige Wesirspalast stammt aus der zweiten Hälfte des 19. Jh., den ältesten Gebäudetrakt ließ Si Moussa, ein hochrangiger Berater des Sul-

▶ LESESTOFF

»In blinde Mauern eingeschlossene Intimität, jedes Eindringen aus der überfüllten Straße wird durch die kleinen Türen verwehrt, die man nie ganz, immer nur einen Spalt weit öffnet, und die schwere Schlösser haben.« (Claude Ollier: Marrakch Medine)

Im Palais de la Bahia

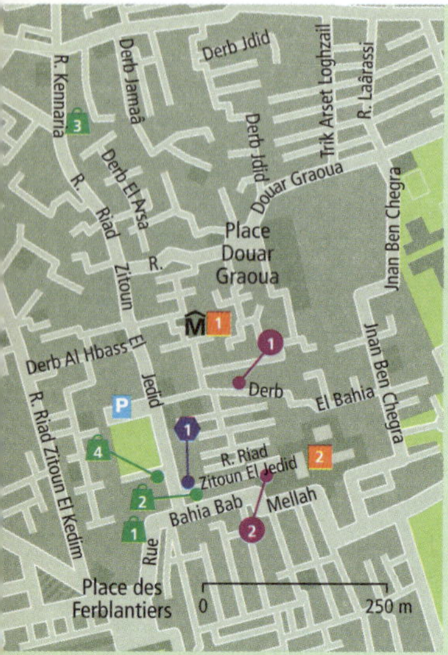

INFOS/ÖFFNUNGSZEITEN

Dar Si Said 1: Derb El Bahia / Rue Riad Zitoun El Jedid, T 0524 38 95 64, www.minculture.gov.ma, Mi–Mo 9–16.45 Uhr, 10 DH, arabische und französische Kommentare
Palais de la Bahia 2: Rue Riad Zitoun El Jedid, www.minculture.gov.ma, T 0524 38 91 79, tgl. 9–16.30 Uhr, 10 DH, arabische und französische Kommentare

KULINARISCHES FÜR ZWISCHENDRIN

Nach dem Besuch des Dar Si Said liegt ein Besuch im **Riad Zanzibar** 1 (Derb El Bahia, 20 m vom Dar Si Said, T 0661 24 02 60, 0671 15 86 75, Kaffee, Tee, Fruchtsäfte um 15 DH, Salate, Grillhühnchen 50–70 DH, DZ ab 400 DH) nahe. Im Innenhof oder auf der Dachterrasse können Sie ein leichtes Mittagessen einnehmen oder bei einem Kaffee die Eindrücke vom Museumsbesuch nachwirken lassen.
Klassiker der marokkanischen Küche zu vernünftigen Preisen bekommen Sie im angenehmen Ambiente eines Riad aus dem 18. Jh.: **El Bahia** 2 (1, Rue Riad Zitoun El Jedid, T 0524 37 86 79, www.restaurant-elbahia.com, tgl. 12.30–15, 20–23 Uhr, Menüs 150–300 DH, *couscous* oder *tajines* um 150 DH, 0,75 l Wein 130–200 DH). Gelegentlich Musik- und Tanzeinlagen.

ARABISCHE BÄDERKULTUR

Das **Hamam Ziani** 1 (14, Rue Riad Zitoun El Jedid, T 0662 71 55 71, www.hammamziani.ma, tgl. 8–22 Uhr) ist ein gepflegtes maurisches Badehaus, in dem diverse Dampf- und Wannenbäder zu den klassischen Anwendungen gehören, außerdem verschiedene Angebote an Massagen (270–350 DH).

EINKAUFEN

Im **M'Arome** 2 (14, Rue Riad Zitoun El Jedid, T 0668 88 22 47, www.marome.ma, tgl. 10–21 Uhr) finden Sie alles, was beim Besuch des benachbarten Hamam zum Einsatz kommen kann: edle Seifen, Duschgele, Arganöle, Parfüms in stilvollen Silberflakons, Rosenwasser, Body Lotions, Cremes und vieles mehr.
Mourad, der Ladeninhaber des **Herbargane** 3 (95, Rue Kennaria, T 0661 07 50 92, tgl. 10–20 Uhr), hält ein großes Angebot an Ölen, Kräutertees, Gewürzen der marokkanischen Küche sowie an getrockneten Heilpflanzen bereit; allein die kenntnisreichen Erklärungen des Besitzers lohnen hier schon einen Besuch (Sie sollten Französisch sprechen können).
Auf Lederwaren, besonders Jacken und (Hand-)Taschen, hat sich der Inhaber des Ladens **Cuir Achkid** 4 (233, Rue Riad Zitoune El Jedid, T 0524 37 56 85, ca. 100 m vom Eingang des Palais de la Bahia, tgl. bis 19 Uhr) spezialisiert. Er setzt auf die Qualität des Ziegenleders aus Casablanca. Bei Cuir Achkid gelten ziemlich feste Preise!

Cityplan: Karte 2, F/G 6 | **Stadtteil:** südöstliche Medina | **Sektor:** Kennaria/Douar Graoua tans, 1866/67 errichten. Sein Sohn Ba Ahmed, 1894–1900 Großwesir, ließ die Anlage erheblich ausbauen, sie umfasste seinerzeit ganze Fluchten von Zimmern, Innenhöfe, Salons, arabische Gärten, eine Moschee und ein maurisches Bad. Das Gelände, das sich mit den Parks über 80 000 m^2 erstreckte, wurde ab 1912 als Sitz der französischen Protektoratsverwaltung genutzt.

Deutlicher noch als das Dar Si Said illustriert die gewaltige Anlage des Palais de la Bahia die **Grundlagen maurischer Palastarchitektur:** die strenge Symmetrie von Zimmern, Hallen und Höfen; die Sichtachsen, die den Raum gliedern; das Spiel mit den Elementen Licht und Wasser; das Bemühen, in den arabischen Gärten nicht nur ein Stück Natur in den gebauten Raum quasi hineinzuholen, sondern, mehr noch, im Terrain des integrierten Gartens, einen Abglanz des Paradieses ans Haus zu bannen. Sie durchlaufen hier einen Parcours aus sieben Sektionen, können sich in die Details der geschnitzten Holzdecken, der gewaltigen, farbig bemalten Holzportale, der mit Zelliges dekorierten Wände oder der mit Marmor ausgelegten Innenhöfe vertiefen. Besonders beeindruckend ist der 1898/99 vollendete, von 52 Holzkolonnaden gegliederte **Innenhof** *(Cour d'honneur),* ein 50 x 30 m umfassendes Gelände, von dem weitläufige Zimmerfluchten abführen. Obschon sämtliche Räume unmöbliert sind, kann man sich den Luxus jener Epoche gut vorstellen, als der Palais bewohnt war, als hier Gesandte empfangen, Rapporte diktiert, Intrigen eingefädelt und Pläne erörtert wurden, als hier die Haremsdamen lustwandelten und große Politik gemacht wurde.

UM DIE ECKE

Gegenüber dem Eingang zum Palais de la Bahia befindet sich die **Grande Bijouterie** 1 (Rue Bahia Bab Mellah, Mo–Sa, So u. U. eingeschränkt ca. 9/10–19 Uhr), gut erkennbar an zwei markanten weißen Torbögen. Im Inneren finden Sie etwa 50 (!) oft kaum zimmergroße Schmuckläden. Gehandelt werden Gold- und Silberschmuck, Ketten, Ringe, Armreife. Die Konzentration so vieler Läden an einem Ort schafft eine Konkurrenzsituation und erheblichen Wettbewerbsdruck – eine gute Möglichkeit, in Verhandlungen einzusteigen und Preise zu vergleichen!

Ü ÜBRIGENS

Die Macher des Oscar-prämierten Filmes mit Kultstatus, der Peter O'Toole und Omar Sharif zu Weltstars machte, »Lawrence von Arabien«, drehten u. a. im Palais de la Bahia. Aber auch ›abgefahrenere‹ Events hat der Palast schon gesehen. So feierte hier der Rapper Puff Diddy (Sean Combs) 2001 eine riesige und kostspielige Party. Ob gerade Letzteres so ganz im Sinne der früheren Bewohner ist?

Schmuck wird nicht nur ums Handgelenk oder am Finger getragen, sondern auch direkt auf die Haut aufgetragen.

#4

Das proletarische Gesicht der Stadt – **die Mellah**

Sie möchten mehr als nur die Postkartenseiten Marrakeschs erleben – und zugleich in die Geschichte eintauchen? Dann gehört ein Gang durch das alte jüdische Viertel dazu. Es riecht etwas streng, die Gässchen sind von schrundigen, bröckelnden Fassaden gesäumt und die Bewohner, selbst die Kinder, wirken nicht gerade fröhlich. Wohlstand sieht anders aus.

Einfach, traditionell, ein wenig abgewrackt – das ist die ärmere Seite Marrakeschs. Ein Gang durch das alte jüdische Viertel der Stadt lässt Sie Geschichte atmen und das Marrakesch der kleinen Leute erleben.

Die Rue Riad Zitoun El Jedid mündet auf einen **Gewürzsouk** 1 *(Souk des épices)*, der eine Art Entrée in die Mellah markiert. Das Stadtviertel gehört zu den ärmsten der Medina, die Bewohner sind offenbar mit dem puren Überleben beschäftigt – gegenüber den Glitzerwelten in Hivernage

oder Guéliz zeigt sich Marrakesch hier von seiner geradezu proletarischen Seite.

Letzte Spuren jüdischen Lebens

Jüdisches Leben ist hier inzwischen allenfalls noch in Rest- und Schwundformen auszumachen. Dabei war die Mellah von Marrakesch einst eines der größten Judenviertel des Landes, der jüdische Friedhof ist noch heute der größte Marokkos. Die sephardischen Juden waren seit dem späten 15. Jh., seit der christlichen Reconquista im katholischen Spanien, in mehreren Flüchtlingswellen aus Andalusien nach Marokko gekommen. Ihnen wurde ein Wohnsitz in speziellen, von Mauern eingefassten Ghettos zugewiesen, den sogenannten *mellahs* (arab. für Salz), wo sie leicht kontrolliert werden konnten. Besonderen Vorschriften – so konnten Juden etwa keinen Grundbesitz erwerben – und Kleiderordnungen unterworfen, genossen sie innerhalb der Mellah zwar eine eingeschränkte Autonomie, mussten zur Ausübung ihres Glaubens aber Sondersteuern an die kommunalen Behörden entrichten. Noch in der späten Protektoratszeit wurde die Mellah abends durch gewaltige Holzportale abgeriegelt. Ein Kosmos für sich.

Spirituelles Zentrum bis heute

Die jüdische Gemeinde von Marrakesch, so berichtet einer der drei noch amtierenden Rabbiner, zählt heute nur noch einige Hundert Juden, in der früheren Mellah leben noch etwa 160 von ihnen. Die **Synagoge** 1, hinter einem unscheinbaren Eingang in einer unbeschilderten Seitengasse verborgen und daher nur schwer zu finden, ist aber bis heute ihr religiöses Zentrum, die Gottesdienste finden, so wie es üblich war und ist, am Freitagabend sowie am Samstag, dem jüdischen Sabbat, statt. Der mit Teppichen ausgelegte, etwa 25 x 8 m messende Raum, präsentiert sich als recht schmuckloses Gotteshaus. An den Wänden hängen gerahmte Passagen aus dem Talmud, eine Art Katheder markiert den Platz für den Rabbi. Zwei siebenarmige Leuchter sind an der einen Stirnseite des Raumes angebracht, an der anderen befindet sich eine Empore für die weiblichen Gemeindemitglieder. Die Synagoge liegt innerhalb eines bewohnten Hofkomplexes, an den Wänden beidseits des zweiflü-

M MUSEUM

Wo, wenn nicht in der Mellah, sollte ein **Jüdisches Museum** eröffnet werden, das an das jüdische Leben als Facette der Stadt und als Element ihrer Geschichte erinnert. Genau das ist dank Peter Bergmann, dem Besitzer des Riad Ifoulki (► S. 92), in einem alten Fondouk, der heute als **Chameau Rouge** 1 auch Café und Gästehaus birgt, geschehen.

A AZOULAY

Können marokkanische Araber jüdischen Glaubens im heutigen Marokko eine wichtige Rolle spielen? Ja, betrachtet man André Azoulay. 1941 in Essaouira geboren, ist er wohl eine der einflussreichsten Persönlichkeiten in Marokko. Seit 1991 agiert Azoulay – begnadeter Netzwerker, wohlhabender Bankier und Mitglied akademischer Gremien sowie Vorstand etlicher Verwaltungs- und Aufsichtsräte – als Berater des Königs. Bis 1999 gehörte er zum engsten Zirkel um Hassan II, seit 1999 um Mohammed VI. Ein Jude an einem arabischen Königshof – mehr Macht und Einfluss sind kaum denkbar!

Auch wenn die jüdische Gemeinde Marrakeschs massiv geschrumpft ist, eins ist geblieben: die Synagoge als ihr spirituelles Zentrum.

geligen, mit Blechen beschlagenen Eingangsportals hängen historische Schwarz-Weiß-Fotos und einige Texttafeln, die über die jüdische Gemeinde informieren.

Die letzte Ruhestätte

Der Zugang zum **Jüdischen Friedhof** 2 *(Cimetière Juif)* ist zwar nicht beschildert, aber an einem mächtigen Portal leicht zu erkennen. Ein ausgedehnter Friedhof mit mehreren Tausend Gräbern, die ältesten aus der Mitte des 16. Jh., die meisten alten Gräber mit hebräischen Inschriften und Jahreszahlen nach dem jüdischen Kalender, etliche aus dem 20. Jh. auch mit lateinischen Inschriften. Ein weitläufiges Gräberfeld, darin mehrere Pavillons, in denen Rabbis oder besonders prominente Mitglieder der jüdischen Gemeinde beigesetzt sind. Eine ganze Phalanx mit Kindergräbern, die auf die Opfer mehrerer Epidemien verweisen, die immer wieder in der Stadt wüteten. Nach jüdischem Ritus werden kleine Steinchen auf die Grabplatten gelegt, auch hier haben die Nachfahren diesem Ritus an den allermeisten Gräbern Genüge getan.

Muslime und Juden als Nachbarn

Viele Juden haben Marokko nach der Gründung des Staates Israel (1948) und nach dem sogenannten Sechs-Tage-Krieg (1967) verlassen. Während der Barbarei der Hitler-Diktatur hatte das mit Nazi-Deutschland kollaborierende französische Vichy-Regime vergeblich versucht, in

▶ LESESTOFF

Wie kaum ein anderer hat Elias Canetti, jüdischer Literaturnobelpreisträger des Jahres 1981, das prinzipiell Gefährdete, wenn nicht Bedrohte der jüdischen Existenz gerade in der Mellah von Marrakesch gewittert und dieser Ahnung in seinem grandiosen Buch **Die Stimmen von Marrakesch. Aufzeichnungen nach einer Reise** (deutsche Erstveröffentlichung München 1967) eine einzigartige Sprache verliehen.

Marokko antisemitische Gesetze zu erlassen. Sultan Mohammed V (1927–61) hat sich seinerzeit allen derartigen Versuchen couragiert widersetzt. Dennoch ist die muslimisch-jüdische Nachbarschaft in den arabischen Altstädten des Landes stets prekär geblieben.

Inzwischen, von Mohammed VI forciert und begünstigt, kehren manche Israelis mit marokkanischen Wurzeln gerade wieder nach Marrakesch zurück, um hier Immobilien zu kaufen, zu investieren und sich eine geschäftliche Zukunft aufzubauen. So ändern sich die Rhythmen der Geschichte.

Im Gewürzsouk

INFOS/ÖFFNUNGSZEITEN

Synagoge 1: Seitengasse nahe Südwestende der Rue Imam El Ghazali, So–Fr tagsüber, kleine Spende (10–20 DH)
Jüdischer Friedhof 2: Eingang Rue du Djenane El Afia (östliche Mellah-Grenze), So–Fr tagsüber, Trinkgeld für den Friedhofswärter ca. 10 DH
Gewürzsouk 1: Souk des épices, Mo–Do, Sa, So unter Vorbehalt 9/10–ca. 19, Fr 9/10–12/13, 15/16–ca. 19 Uhr

KULINARISCHES FÜR ZWISCHENDRIN

In einem Fondouk beim Gewürzsouk (Souk des épices) können Sie im **Café Chameau Rouge** 1 (88, Rue de Commerce, Tel 0524 38 38 55, www.chameaurouge.com, Café/Museum tgl. 9–17.30 Uhr, Museum 20 DH) einkehren. Hier befinden sich die Boutique Art de vivre oriental, ein Gästehaus (► S. 87) und ein dem jüdischen Leben in Marrakesch gewidmetes Museum (► S. 33).

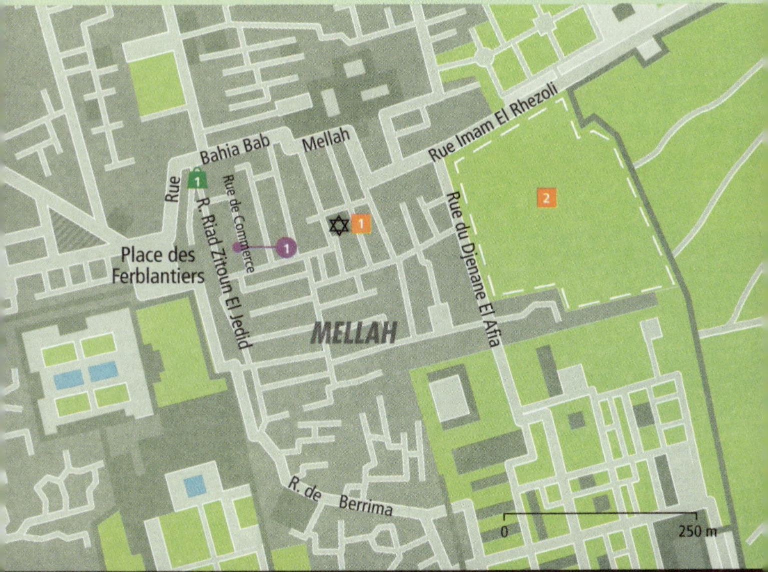

Cityplan: F/G 7 | **Stadtteil:** südöstliche Medina

5

Aura des Verfalls – der El-Badi-Palast

Bange machen gilt nicht, obschon die Dimensionen von El Badi etwas geradezu Einschüchterndes haben. Noch als Ruinengelände vermittelt die Anlage eine Vorstellung von Anspruch wie Selbstverständnis ihres Erbauers. Unter dem Jahrhundertsultan Ahmed El Mansour, als die Saadier ihre Hauptstadt Marrakesch zu einer prächtigen Kapitale ihres Reiches ausbauten, soll El Badi die größte Palastanlage des arabischen Maghreb gewesen sein. Hereinspaziert in ein Mahnmal vergangener Größe!

Riesig und in Ruinen liegend, das ist der Palais El Badi. Doch seiner Bedeutung entsprechend wird er hier und da restauriert.

Inspiriert von der Architektur der Alhambra im andalusischen Granada ließ Ahmed El Mansour (1578–1603) seine wuchtige Residenz, den **Palais El Badi** 1, zwischen 1578 und 1594 erbauen, nicht zuletzt als triumphale Reaktion auf seinen militärischen Sieg über die Portugiesen in der Drei-

königsschlacht von Ksar El Kebir 1578. Ein rechteckiger Hof von 135 x 110 m Seitenlänge markiert das Zentrum der Anlage, darin eingelassen befindet sich ein riesiges Wasserreservoir. Das zentrale Bassin hat immerhin die Ausmasse von 90 x 20 m Seitenlänge, in die vier Ecken des Hofkarrees sind vier weitere kleinere Bassins eingepasst.

Ein Akt der Vernichtung

Im Bemühen, alle Erinnerungen an die Saadier-Dynastie auszulöschen, ließ der Alaouiten-Sultan Moulay Ismail (1672–1727) die Palastanlage schleifen. Über ein Jahrzehnt soll dieser Akt der Vernichtung gedauert haben, immerhin umfasste die Gesamtanlage von El Badi um die 360 Zimmer. Die Marmorplatten der Innenhöfe ließ Moulay Ismail beim Bau seiner Residenz, der Ville Impériale in Meknes, erneut verwenden – auch eine Art, das Andenken an die ruhmreichen Vorgänger gründlich auszulöschen. Im Zuge der ab 1953 vorgenommenen Ausgrabungsarbeiten wurden Fundamente und Katakomben freigelegt, Fassaden und Zwischendecken restauriert.

F
FESTE

Wenn Sie im Juli in Marrakesch sind, erwarten Sie im Palais El Badi Musik und Tanz. Dann ist der Palast Schauplatz des **Festival National des Arts Populaires.**

Ordnung und Symmetrie

El Badi ist nicht, wie viele andere maurische Palastanlagen, ein labyrinthisch verwinkeltes, weder Plan noch Konzept folgendes architektonisches Ensemble, sondern Stein gewordene Symmetrie, Ausdruck von Rationalität und strengem Kalkül. Das Panorama von der Terrasse und die durch einen dort fixierten, detaillierten Lageplan erleichterte Zuordnung der Gebäudekomplexe zeigt, wie sehr der architektonische Grundriss von klaren Proportionen, Sichtachsen, Parallelen und Korrespondenzen bestimmt ist. Ordnung und Symmetrie sind vorherrschende Prinzipien: ein zentraler Innenhof, um den die separaten Trakte nach ihrer Funktion gruppiert sind. Im Grunde gleicht dies der klassischen Riad-Anlage, freilich in den Ausmaßen um gewaltige Dimensionen gesteigert.

Pavillons und **Gästehäuser, Audienz-** und **Empfangsräume,** eine **Sommerresidenz** und ein **Kristallgarten, Gärten** und **Gewächshäuser** sind zu einem ausgewogenen Ensemble arrangiert. In einem separaten Raum ist die aufwendig restaurierte **Gebetskanzel** *(minbar)* ausgestellt, die bis 1962 in der Koutoubia-Moschee verwendet wurde. Sie gilt als

Kunstvolle, aus Mosaiksteinen zusammengesetzte Keramikkacheln sind charakteristisch für die arabische Kunst am Bau – ohne figürliche Darstellungen.

Klappern gehört zum Handwerk – auch wenn hier erst einmal das Baumaterial fürs Nest angeliefert werden muss.

eines der Meisterwerke sakraler Holzschnitzkunst. Über 1000 verschiedene, mit Intarsien ausgelegte Ornamente zieren diese Kanzel von 1139, also aus jener Übergangsperiode, als die Almohaden dazu ansetzten, das Reich der Almoraviden zu erobern.

Klappernde Wächter

Beim El-Badi-Palast

Heute wirkt der El Badi wie ein Mahnmal versunkener historischer Größe, eine Art Memento Mori, gekennzeichnet von einer ganz eigenen Aura des Verfalls. Die Storchenkolonien, die ihre mächtigen Nester auf den Mauersimsen gebaut haben, verleihen der Anlage mit ihrem permanenten Geklapper immerhin ein markantes akustisches Leitmotiv – tierische Wächter über ein Ruinenfeld.

Picknick für alle

Eine Art Kontrastprogramm gefällig? Wer will, kann die Besichtigung des Palasts mit einem Spaziergang durch die **Jardins de l'Agdal** 2 verbinden, die sich südlich des Palais Royal ausdehnen. Die insgesamt recht ungepflegt wirkenden Agdal-Gärten sind allerdings nur freitags und sonntags geöffnet – und auch dann nur, wenn sich der König nicht gerade in Marrakesch aufhält.

Palmengruppen, Olivenhaine, Obstbaumkulturen sowie ein großes, rechteckiges Wasserre-

UM DIE ECKE

Wer sich für aus Metall gearbeitete Lampen, Windlichter oder mit farbigem Glas versehene Ampeln interessiert, findet auf der **Place des Ferblantiers** 1 ein gutes Revier, um den Handwerkern bei der Arbeit zuzuschauen. Der Platz ist eine traditionelle Adresse der **Weissblechner,** hier liegen etliche Werkstätten, sodass man Objekte und auch Preise gut vergleichen kann.

servoir bestimmen die Szenerie. An Sonntagen picknicken hier viele marokkanische Familien. Der Park, als Sultansgarten bereits im 12. Jh. angelegt, ist die älteste Gartenanlage Marrakeschs.

INFOS/ÖFFNUNGSZEITEN

Palais El Badi 1: ca. 200 m westlich der Place des Ferblantiers, www.minculture.gov.ma, tgl. 9–16.45 Uhr, 10 DH, Kombiticket zur Besichtigung von Palast und *minbar* 20 DH, Kommentare auf Arabisch, Französisch und Englisch
Jardins de l'Agdal 2: südlich des Palais Royal, Fr, So 7.30–18 Uhr, Eintritt frei

KULINARISCHES FÜR ZWISCHENDRIN

An der Place des Ferblantiers können Sie zwischen zwei exzellenten Restaurants wählen. Die **Kosybar** 1 (Hausnr. 47, T 0524 38 03 24, www.kosybar.com, tgl. 11–1 Uhr) ist Restaurant, Lounge und Cocktailbar in einem. Hier bekommen Sie Biere (60–80 DH), Cocktails (60–90 DH), eine große Auswahl an Rot- und Weißweinen (150–500 DH/0,75 l) sowie edle Champagnersorten (650–2000 DH). À la carte können Sie hier von Vorspeisen über Fleisch- und Fischgerichte bis zu Desserts wählen, was der Magen begehrt (Hauptgänge um 180 DH). Der japanische Küchenchef kredenzt auch diverse Sushiteller (100–200 DH) – eine Seltenheit in Marokko. Von der Dachterrasse in Sichtweite des Palasts bietet sich ein schöner Überblick über die Place des Ferblantiers, in den Alkoven im ersten Stock lässt sich das gute Gespräch pflegen. An den Wochenenden ab 22 Uhr Livemusik.
Wenige Schritte entfernt serviert **Le Tanjia** 2 (14, Derb Jedid, Hay Essalam, T 0524 38 38 36, www.le-tanjia.com, tgl. 11–23.30 Uhr), ebenfalls mit schöner Dachterrasse, Klassiker der marokkanischen Küche: *tajines*, *couscous*, *grillades* (Gerichte 140–220 DH) sowie *mechoui* (gegrillter Hammel, 430 DH/2 Pers.). Ab ca. 21.30 Uhr wird Livemusik mit Tanzeinlagen geboten.

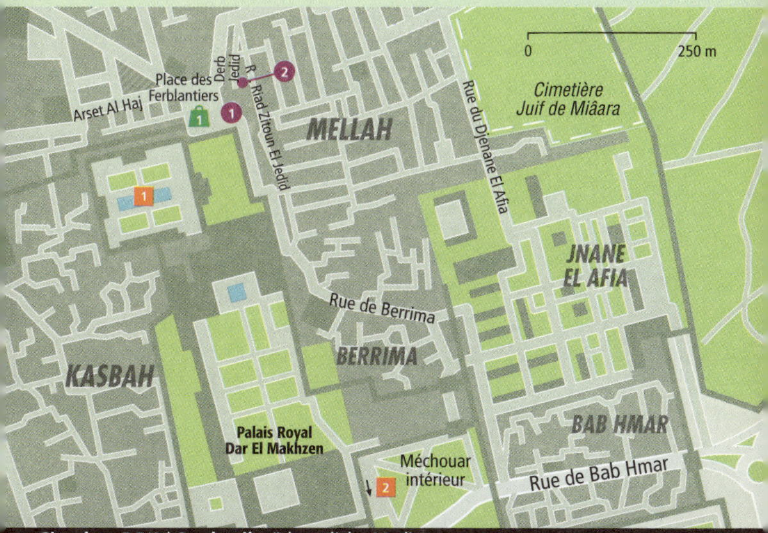

Cityplan: F 7/8 | **Stadtteil:** südwestliche Medina

6

Die Nekropole der Saadier – **das Kasbah-Viertel**

Ein meditativer Ort erwartet Sie hier, eine Stätte der Kontemplation, eine Oase der Stille im Gewusel der Medina. Und eine Begegnung mit muslimischen Totenkulten ebenso wie mit Jenseitsvorstellungen.

Neben der Dynastie der Almohaden haben vor allem die Saadier, die Marrakesch 1554 zur Hauptstadt ihres Reiches machten, Geschichte und Geschicke der Stadt entscheidend geprägt. Das Saadier-Reich, das in den späten 1660er-Jahren zerfiel (ihre letzte Bastion, Marrakesch, fiel 1669), markiert eine tumultuöse Epoche: Von elf Saadier-Sultanen wurden acht ermordet.

Aufwendige Stuckaturen an Säulenkapitellen und Durchgängen, feinste Keramikmosaike an den Wänden sind typische Dekorelemente der arabischen Baukunst.

Hinein ins Kasbah-Viertel

Die wuchtigen, beide aus dem 12. Jh. stammenden Stadttore **Bab Er Rob** 1 und **Bab Agnaou** 2 (einst eines der schönsten Tore, bedarf inzwischen

dringend der Restaurierung) bilden die Zugänge ins alte Kasbah-Viertel, das Gebiet der einstigen Almohaden-Stadt. Noch auf diese Epoche, also in die Zeit des späten 12. Jh., geht die **Mosquée de la Kasbah** 3 (Djemaa Al Qasaba, Kasbah-Moschee) zurück, die, obschon mehrfach umgebaut und erweitert, ihren originalen Bauplan noch erkennen lässt. Von besonderer Bedeutung ist das geometrische Dekor der Minarettfassaden, das für spätere Moscheen stilbildend wurde. Wie alle Moscheen in Marrakesch bleibt das Gotteshaus Nicht-Muslimen verschlossen. Die Kasbah-Moschee wurde kürzlich aufwendig restauriert, der vorgelagerte Platz (Place Moulay El Yazid) umgestaltet und neu gepflastert.

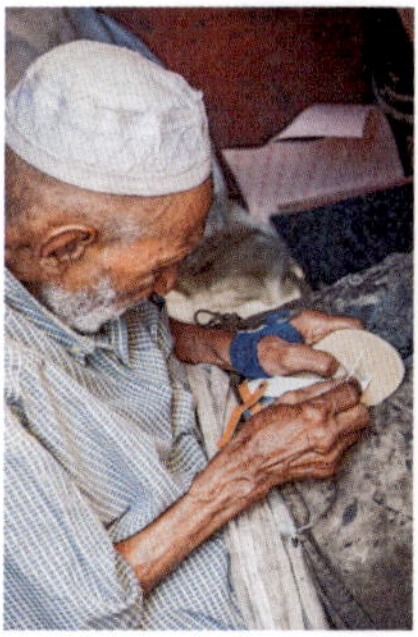

Im Kasbah-Viertel sind auch noch traditionelle Handwerker zu Hause, wie dieser Schuster.

Geschichtsklitterung

Gleich neben der Kasbah-Moschee befindet sich der Eingang zu den **Tombeaux Saadiens** 4, den Saadier-Gräbern, der bedeutendsten historischen Sehenswürdigkeit des Viertels. Die Nekropole wurde zwischen 1590 und 1600 angelegt und später vom zweiten Alaouiten-Sultan Moulay Ismail (1672–1727) mit hohen Mauern verschlossen. Moulay Ismail machte Meknes zur neuen Hauptstadt des Reiches und wollte – wie er auch mit der Schleifung des Palais El Badi (► S. 37) augenfällig demonstrierte –, alle Erinnerungen an die Saadier auslöschen. Erst 1917, etwa 200 Jahre nach diesem Akt der Geschichtsklitterung, wurde die Nekropole wiederentdeckt – die Gräber waren unversehrt.

► INFOS

Es ist schade, dass Sie als Besucher gerade auf diesem geschichtsträchtigen Gelände allein gelassen werden: Es gibt weder Kommentare noch Hinweistafeln, die über die Geschichte der Saadier im Allgemeinen oder über einzelne Herrscherpersönlichkeiten im Besonderen informieren.

Grabstätte der Großen

Im Freien verteilt finden sich auf dem Areal wohl ca. 100 mit farbig gemusterten Kacheln (Zellige) verzierte Gräber, die alle nicht namentlich gezeichnet sind.

Zwei als Säulenhallen angelegte **Mausoleen** ziehen besondere Aufmerksamkeit auf sich: In der einen Halle sind die bedeutendsten Saadier-Sultane bestattet, unter ihnen der legendäre Ahmed El Mansour (1578–1603). In seine Regentschaft fiel eine kulturelle Blütezeit Marrakeschs und eine Ära wirtschaftlicher Prosperität durch den lukrativen Gold- und Sklavenhandel mit den Königreichen der Sahelzone.

In der anderen Halle stehen die Sarkophage von Ahmed El Mansours Mutter, der weiblichen Angehörigen seiner Familie sowie der Lieblingsfrauen aus

Eines von 24 Toren in der Stadtmauer, und einst eines der prächtigsten, das Bab Agnaou

seinem Harem. Auffällig ist, dass sie nicht einheitlich, etwa in Richtung Mekka, ausgerichtet sind. Ebenso auffällig sind ihre unterschiedlichen Größen: An der Seite von Ahmed El Mansour wurden auch Persönlichkeiten aus seinem Gefolge sowie Prinzessinnen und Kinder bestattet – je größer die Sarkophage desto gewichtiger die Toten.

Ein Ort der Stille

Die Saadier-Gräber illustrieren, in der Anlage den historischen Medersen ähnlich, einen sakralen Raum, der mit farbigen Kacheln, Marmorsäulen, Schriftbändern, Gipsfriesen, Hufeisenbögen und

UM DIE ECKE

Sie möchten sich lieber Ihrem körperlichen Wohlbefinden widmen? Die Gelegenheit bieten schöne Hamams und der **Dar Al Baraka** 1 (6, Bab Agnaou, T 0524 38 68 82, tgl. 9–20 Uhr). Hier erwarten Sie Madame Wafaa und Doktor Abderrazik – sowie eine Riesenauswahl an getrockneten Heilpflanzen und Kräutern, Kosmetikprodukte, Arganöle, Tinkturen, Essenzen, Puder und ätherische Öle. Beratung und medizinische Diagnosen auf Wunsch.

Arabische Bäderkultur vom Feinsten können Sie in **Les Bains de l'Alhambra** 1 (9, Derb Rahala, Nähe Saadier-Gräber, T 0524 38 63 46, www.lesbainsdelalhambra-marrakech.com, tgl. 9–20 Uhr, Reservierung!) erleben, einem exquisiten traditionellen Hamam. Massagen (1 Std. 350–450 DH), Peeling *(gommage)* mit verschiedenen Anwendungen (45 Min. 150–300 DH), Pack Alhambra (mehrstündige Anwendungen mit diversen Essenzen, Seifen, Ölen und Badesalzen, Gesichtsmasken, diverse Massagen 700–1250 DH). Alternativ bieten sich **Les Bains de Marrakech** 2 (2, Derb Sedra, Bab Agnaou, Nähe Saadier-Gräber, T 0524 38 14 28, 0524 38 64 19, www.lesbainsdemarrakech.com, tgl. 9–19 Uhr, Reservierung empfohlen) an, ein luxuriöses Hamam mit privaten Bade- und Massagekabinen. Hamam 200–300 DH, Massagen 400–450 DH, Hamam und Massage 600–850 DH, *formules* (2–3 Std., Hamam, Massage, Anwendungen von Ghassoul und Badesalzen: 850–1000 DH), Gesichtsbehandlungen um 500 DH.

M MEDIZIN

Wer sich im Dar Al Baraka umtut, sollte sich hüten, die hier präsentierten Heilmittel als Ausdruck von Quacksalberei zu verurteilen. Es gibt in Marokko eine reiche Tradition medizinischen Wissens, die auf der Kenntnis von Heilpflanzen und Heilkräutern aufbaut. Frei nach der Devise: Gegen jedes Leiden ist ein Kraut gewachsen!

geschnitzten Zedernholztüren und -decken prächtig ausgeschmückt ist. Innerhalb der hektisch betriebsamen Medina sind sie ein Ort kontemplativer Ruhe, der Stille und Konzentration. Ein Mahnmal, ein architektonisches Ensemble als Totengedenken.

INFOS/ÖFFNUNGSZEITEN

Tombeaux Saadiens 4: Rue de la Kasbah, tgl. 9–16.45 Uhr, 10 DH

KULINARISCHES FÜR ZWISCHENDRIN

Ein angenehmer Ort für eine Auszeit vor oder nach der Besichtigung der Gräber ist das Terrassencafé **Nid' Cigogne** 1 (60, Rue de la Kasbah, gegenüber den Saadier-Gräbern), T 0524 38 20 92, tgl. 9–18 Uhr). Der Name (Storchennest) bezieht sich auf die brütenden Störche auf den Mauersimsen in der Nähe, schöner Panoramablick. Fruchtsäfte und Kaffee kosten um 20 DH, Salate 40–60 DH, *tajines* 70–100 DH.
Wer edel speisen möchte, geht zu **La Sultana** 2 (403, Rue de la Kasbah, neben den Saadier-Gräbern, T 0524 38 80 08, www.lasultanamarrakech.com, tgl. 12–15, ab 19.30 Uhr). Die Menüs (mittags 150–200 DH, abends 230–350 DH) oder Überraschungsmenüs (*menu decouverte*, 620 DH) dieses Restaurants in einem Fünf-Sterne-Hotel (DZ 3100–10900 DH) können Sie auf einer Panoramaterrasse mit Blick über die Saadier-Gräber genießen.

VON KOSMETIK BIS KITSCH

Sie möchten ein bisschen (viel) shoppen? Ein riesiges Warenhaus, **Etablissement Bouchaib, Complexe d'Artisanat** 2 (7, Derb Baissi Rue de la Kasbah, T 0524 38 18 53, www.complexeartisanal.com, tgl. 8.30–19.30 Uhr) bietet auf drei Etagen eine ganze Bandbreite an Produkten (Fixpreise wie ausgezeichnet, 10–100 000 DH). Interessant die Teppich- und die Kosmetikabteilung; besonders bei Möbeln, Mode, Keramik und Glas gilt ein hoher Kitschfaktor; Roboterskulpturen (60 000–90 000 DH!) und Metallmöbel gibt es im zweiten Stock.

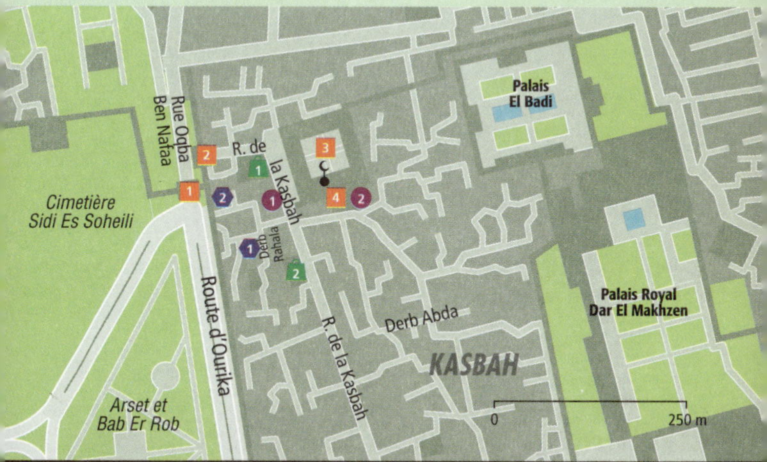

Cityplan: E/F 7/8 | **Stadtteil:** südwestliche Medina

#7

Orientalische Basarökonomie – **Souks in der Medina**

Nicht gezielt suchen, eher zufällig finden. Flanieren, stöbern, sich treiben lassen. Wenn Sie vor einem Laden stehenbleiben, eine Ware genauer begutachten, haben Sie die Preisverhandlungen im Prinzip schon eröffnet. Und dann empfiehlt es sich auch, in die Diskussion konkret einzusteigen – und eventuell beherzt zuzugreifen. Denn genau diesen Laden später wiederzufinden, könnte schwierig werden.

Die Souks von Marrakesch (mit einer Fläche von ca. 200 000 m² die größten des Landes) repräsentieren ein gewaltiges ökonomisches Basarsystem, stehen für kurze Einkaufs- und Vetriebswege, für einen geschlossenen Recyclingkreislauf sowie für eine imponierende logistische Versorgungsleis-

Für die meisten Nicht-Einheimischen ein Buch mit sieben Siegeln – die Vielfalt an Gewürzen und Früchten in den Souks von Marrakesch

tung. Das in Europa allmählich aussterbende traditionelle Fachgeschäft zeigt sich in den Souks von unzerstörbarer Vitalität. Kaum ein Gegenstand, und sei er noch so ausgefallen, der hier nicht im Fachhandel als Einzelstück erhältlich wäre.

Erste Orientierung im Gassenlabyrinth

Die Labyrinthe der Souks von Marrakesch konfrontieren den Besucher mit einem Wirtschafts- und Handelssystem, in dem Sie sich vermutlich erst allmählich zurechtfinden werden. Dies betrifft auch ganz konkret die Topografie. Als bester Einstieg in diese Welt aus winzigen Läden, schicken Boutiquen, aus Basaren, Werkstätten, Kontoren und historischen Fondouks (Herbergen und Warenlager der alteingesessenen Kaufmannsfamilien) empfiehlt sich die **Hauptgasse,** die direkt gegenüber dem legendären **Café de France** ❶ in die Souks hineinführt. Diese Hauptader durchquert, als **Rue Souk Semarine / Rue Souk Nejjarine** 1**,** die gesamten Souks bis zu ihrem Nordrand in der Nähe des Komplexes aus Moschee und Medersa Ben Youssef. Wer nach der Erkundung der links und rechts von der Rue Semarine / Rue Nejjarine abführenden Spezialsouks immer wieder auf diese Hauptachse zurückkehrt, sollte sich auch in diesem unübersichtlichen Gelände zurechtfinden können, selbst da, wo sich die Souks in den nördlichen Sektoren immer mehr auffächern. Die Orientierung wird etwas dadurch erleichtert, dass immerhin einige Souks, die früher mit den alten Distrikten der Stadtteile identisch waren, ausgeschildert sind. Wer irgendwo gestrandet ist, fragt einfach nach der Richtung zum ›Platz‹ – *la place* ist das Synonym für die Djemaa El Fna, die die Medina als konkurrenzloses Zentrum beherrscht.

»Naanaa, zaytuun, dawadschiiin ...«

Die Rue Semarine wird am Anfang von einigen **Lebensmittelsouks** gesäumt, wo etwa Oliven *(zaytun)*, frische Minze *(nana)*, Trockenfrüchte und lebendes Geflügel *(dawadschin)* verkauft werden – ein erstes Indiz dafür, dass die Souks keineswegs nur ein Markt für touristische Souvenirs sind, sondern auch eine der zentralen Versorgungsstationen für die einheimische Bevölkerung, ein Markt also, wo die Marrakchis, die Einwohner von Marrakesch, ihre alltäglichen Einkäufe erledigen.

V
VERIRRT?

Nicht verzweifeln, wenn Sie in den Labyrinthen der Soukgassen die Orientierung verloren haben. Die Medina, die dem Neuankömmling wie ein einziges Chaos vorkommt, ist recht besehen sehr klar strukturiert. Sie ist von 24 markanten Stadttoren *(bab)* umgeben, die in die Umfassungsmauern eingelassen sind. Versuchen Sie, sich diesen Ring aus Stadttoren in etwa einzuprägen. Und fragen Sie sich, wenn Sie vollkommen gestrandet sind, zum nächsten Stadttor durch; an den meisten Toren warten die kleinen Stadttaxis. Kleiner Tipp am Rande: Die Apotheken in der Medina sind häufig nach dem jeweiligen Bezirk oder nach dem nächstgelegenen Stadttor benannt, das hilft ein wenig beim Navigieren.

Sie möchten Handwerkern, die ihren traditionellen Tätigkeiten nachgehen, über die Schulter schauen? In den Souks der Medina ist das kein Problem. Hier hat ein Tischler sein Werk fast vollendet.

Kleider, Kräuter, Körbe

Wenn Sie nun weiter der Hauptgasse folgen, kommen Sie an etlichen **Schneiderwerkstätten** und **Kleiderläden** (Kaftane, Dschellabas, Ganduras) vorbei, passieren rechter Hand einen **Souk für Wolle** und die sehenswerte **Place des épices** 2. Neben Gewürzen werden auch getrocknete Heilpflanzen, geflochtene Körbe und gestickte Kappen feilgeboten; das **Café des épices** 2 mit schöner Terrasse lädt hier zur Einkehr ein.

(Kunst-)Handwerk und Handel, aus alt mach neu

Die Rue Semarine führt sodann an einer linker Hand gelegenen **Kissaria** 3 entlang, wo Schmuck und Stoffe gehandelt werden. Sie mündet in den **Souk für Lederwaren,** nordwestlich davon erstrecken sich etliche weitere **Spezialsouks,** etwa für *babouches* (Lederpantoffeln), für Waren aus getriebenem Kupfer, für Lampen, Musikinstrumente, Möbel, Holzschnitzereien, Stickwaren, Felle, Eisenwaren, Antiquitäten, Korb- und Filzwaren.

Neben den Geschäften und Läden trifft man hier immer wieder auch auf **Werkstätten, Schmieden, Schreinereien** und **Färbereien.** In den Souks wird nicht nur gehandelt und verkauft, sondern auch produziert, repariert und nach Auftrag gefertigt: eine Basarökonomie, in der noch nach alter Handwerkstradition Unikate hergestellt werden. Und in der eine ausgeklügelte **Recyclingwirtschaft** durchaus noch Profite abzuwerfen vermag – da werden etwa ausgediente Autoreifen zu Schuhsohlen verarbeitet, Metallschrott wird als Rohstoff neu eingeschmolzen, Altpapier und Stoffreste finden ihre Verwendung.

Hätten Sie's gewusst? Diese farbenfrohen ›Hüte‹ gehören zur Dekoration einer berberischen Apotheke in den Souks der Medina.

Bizarre Nachbarschaften

In den Souks erleben Sie die eine oder andere Überraschung: Neben der schmierigen Kaschemme hat sich eine edle Boutique für Arganöle in Silberflakons eingerichtet, neben der billigen Imbissbude ein gediegenes Terrassenrestaurant wie **La Terrasse des**

INFOS/ÖFFNUNGSZEITEN

Läden in den Souks: Sa–Do meist 9–22 Uhr, Fr gelten erheblich eingeschränkte Öffnungszeiten, manche Läden sind dann auch ganztägig geschlossen.

KULINARISCHES FÜR ZWISCHENDRIN

Café de France 1: ► S. 23
Café des épices 2: 75, Rahba Lakdima, Place des épices, T 0524 39 17 70, www.cafedesepices.net, tgl. 9–21 Uhr, Salate, Crèpes, Sandwichs 30–50 DH, Tee, Kaffee, Fruchtsäfte um 20 DH. In angenehmer Atmosphäre lässt sich in diesem Café eine Auszeit vom Trubel in den Souks nehmen, schönes Panorama von der Terrasse.
La Terrasse des épices 3: 15, Souk Cherifia, Sidi Abdelaziz, T 0524 37 59 04, www.terrassedesepices.com, tgl. 11–19 Uhr, Vorspeisen 60–90 DH, *tajines* um 100 DH, *grillades* 100–140 DH. In der Nähe der alten Fondouks gelegen, ist La Terrasse eine gute Zwischenstation bei Rundgängen durch die Souks. Hier speisen Sie in separaten Alkoven, die um ein Terrassenkarree herum angelegt sind. Ladenzeile im ersten Stock (s. rechts).
Das **Le Bougainvillier 4** (33, Rue El Mouassine, T 0524 37 80 67, tgl. 10–21 Uhr, Sandwichs um 50 DH, Pizzen um 60 DH, *tajines* um 80 DH) ist ein angenehmes Café-Restaurant mit schönem Riad-Innenhof und Galerie.
Das **Café Arabe 5** (184, Rue El Mouassine, T 0524 42 97 28, www.cafearabe.com, tgl. 10–23 Uhr, warme Küche ab 12 Uhr, Vorspeisen 60–100 DH, italienische Spezialitäten 80–120 DH, marokkanische Gerichte 100–140 DH) ist eine gelungene Kombination aus Café, Restaurant, Lounge und Bar. Selten in der Medina: die gut bestückte Wein- und Cocktailkarte. Schöne Panoramaterrasse.

STILVOLL EINKAUFEN

Im **Souk Cherifia Galerie des Créateurs 1** (Souk Cherifia, Sidi Abdelaziz, 1. Stock, http://souk-cherifia.com, die meisten Boutiquen tgl. 11–19 Uhr) befinden sich ein Dutzend Boutiquen für Mode, Schmuck, Handtaschen, Accessoires, Kosmetikprodukte und hochwertige Arganöle.

Cityplan: Karte 2, F 5/6 | **Stadtteil:** nördlich der Djemaa El Fna bis zur Medersa Ben Youssef

Alles, was das Klempnerherz begehrt: Dies ist nur ein kleiner Teil des Sortiments beim Lieblingsklempner des Autors!

épices ❸, neben einem schrankgroßen Laden ein weitläufiges Kontor für edle Teppiche. Verblüffend immer wieder die Spezialgeschäfte des Einzelhandels: ein Klempner, der alle möglichen Dichtungen, Wasserhähne und Bäderarmaturen vorrätig hat, ein Fachgeschäft nur für Gummischläuche oder für Handyersatzteile oder für Gürtelschnallen oder für handgenähte Fußbälle und und und …

Aus der Zeit gefallen, vom Verfall bedroht

Wer den Parcours durch die Souks bis in ihre Ausläufer an der nordwestlichen Peripherie geschafft hat, sollte den Rundgang mit einem Besuch der alten **Fondouks** 4 am Beginn der Rue Pacha El Glaoui abrunden. Hier liegen etliche der alten Handelskontore aus dem 18./19. Jh., die die kommunalen Behörden von Marrakesch in den kommenden Jahren restaurieren wollen, etwa die Fondouks **Sarsar, Kharbouch, Almisane** oder **El Amri.** Wer die Innenhöfe durch die mächtigen Holzportale betritt, wähnt sich unvermittelt aus der Zeit gefallen – von Jahrhunderten geschwärztes Holz, von Arkaden eingefasste Innenhöfe, Galerien und Gelasse, von der Zeit zernagt, würdevoll verwittert, leider offenbar, wenn die Stadtverwaltung hier nicht einschreitet, unaufhaltsamem Verfall anheimgegeben. Bröckelnde Pracht einer Ära, als Marrakesch ein konkurrenzloses Handelszentrum war, Warenumschlagplatz zwischen Sahara und Mittelmeer.

UM DIE ECKE

Dem Café Arabe ❺ gegenüber liegt der Eingang zu **Le Jardin Secret** 5 (121, Rue Mouassine, T 0524 39 00 40, www.lejardinsecretmarrakech.com, tgl. 9.30–19 Uhr, 50 DH, Aussichtsturm 30 DH), einem neu eröffneten Freiluftmuseum mit einem ›exotischen‹ und einem ›islamischen‹ Garten, das sich den uralten hydrologischen Systemen der Wasserversorgung Marrakeschs widmet – ein hochspannendes, für die Stadt seit jeher lebenswichtiges Thema. Wenn Sie nach den Exkursionen durch das Gewusel in den Souks allmählich schwächeln – Le Jardin Secret ist ein wunderbarer Rückzugsraum, ein Refugium zum Innehalten. Im Garten gibt es ein Café, vom Aussichtsturm bietet sich ein grandioses Panorama!

Kalligrafie und Arabeske – **die Medersa Ben Youssef**

8

Alles so abstrakt hier! Das im Koran mehrfach ausgesprochene Verbot konkreter Abbildung hat in der sakralen Kunst muslimischer Länder zur Ausprägung einer abstrakten Formensprache geführt. Das Ornament, die Arabeske und die Kalligrafie sind die wichtigsten Elemente dieser nicht-gegenständlichen Dekorkunst. Die Medersa Ben Youssef präsentiert diese gleichsam ins Sakrale entrückte Geometrie in höchster künstlerischer Vollendung.

Als sei die prächtige Ornamentik aus Zelliges, Stuckaturen und Zedernholzschnitzereien noch nicht beeindruckend genug, spiegelt sich alles noch einmal im Reinigungsbecken im Innenhof der Medersa.

Kunst des entfesselten Ornaments

Nirgendwo ein Detail, in das sich der schweifende Blick versenken könnte, wo das Auge

Halt fände. Nirgendwo ein Detail, das spezielles Interesse bindet, das besondere Aufmerksamkeit auf sich zieht. Stattdessen eine Kunst des entfesselten Ornaments, das aus einer Mitte entspringt und auf eine Mitte zustrebt, gerade noch abstraktes Dekor – und noch nicht realistisches Abbild. Was in der europäischen Kunstgeschichte der klassischen Moderne als Revolution des Tafelbildes propagiert wurde – die Verabschiedung eines einst kanonisierten Realismuskonzepts und die Erprobung der Abstraktion in der bildenden Kunst –, das war für die Künstler des ›maurischen Mittelalters‹ bereits pure Selbstverständlichkeit.

Die aufwendige, offenbar von Spezialisten der verschiedenen handwerklichen Zünfte vorgenommene Restaurierung zwischen 1999 und 2002 hat die abstrakten Prinzipien folgende Ornamentkunst eines muslimischen Gotteshauses in ihrer ganzen ästhetischen Vollendung eindrucksvoll wiederhergestellt.

Marmor und Kacheln, Gips und Zedernholz

Der Innenhof der **Medersa Ben Youssef** 1 ist innerhalb der Medina von Marrakesch womöglich jener sakrale Raum, in dem sich die ästhetische Perfektion abstrakter Dekorkunst am sinnfälligsten offenbart. Ein rechteckiger, mit Carrara-Marmor ausgelegter **Innenhof,** im Wasser des Reinigungsbeckens (für die rituellen Waschungen vor den Gebeten) spiegelt sich der Schmuck der Fassaden: Kaleidoskope aus farbig glasierten Kacheln (Zelliges), dazu Schriftbänder und in Kalligrafie gefasste Koransuren, in Gips geschnittene Ornamente, klassische Hufeisenbögen und das Schnitzwerk in den Zedernholzbalken. Aus diesen Elementen ist hier ein Raum der Kontemplation, der Meditation, der Versenkung in den Willen Allahs gleichsam modelliert. Marmor, Zelliges, Gips und Holz sind die wichtigsten Materialien, die den Charakter dieses Raumes bestimmen.

Vollendete Symmetrie – dem Eingangsportal genau gegenüber befindet sich die **Gebetsnische** *(mihrab),* in die der Imam seine Gebete hineinspricht, um den Hall seiner Stimme im Echo zu verstärken.

O
ORNAMENT

Verbot jedweder konkret-figürlichen Darstellung? So ganz wird es an der Medersa Ben Youssef nicht eingehalten. Schauen Sie sich die aus Gips geschnittenen Ornamente einmal genauer an: Die floralen Motive, in denen Palmblätter und Pinienzapfen zu erkennen sind, scheinen das Verbot geradezu unbekümmert zu unterlaufen.

Überall in der Medina, auch rund um die Medersa Ben Youssef, soll Ware an den Mann, an die Frau gebracht werden.

Gotteshaus und Lehranstalt

Im 14. Jh. unter den Meriniden gegründet, wurde die Medersa Ben Youssef, seit jeher Koranschule und Gotteshaus in einem, in den Jahren 1564/65 von dem Saadier-Sultan Abdallah El Ghalib (1557–74) komplett umgebaut, erweitert und damit eigentlich: neu erbaut. Der Sakralbau umfasst eine umbaute Fläche von 1680 m², als theologische Lehranstalt hat die Medersa nicht weniger als 132 winzige Arbeitsklausen für die Novizen.

Karges Novizenleben

Zwei dieser **Studierzellen** im ersten Stockwerk sind mit dem kargen Mobiliar jener Zeit eingerichtet und vermitteln so eine Ahnung von den asketischen Prinzipien, die den Alltag der Studenten bestimmten. Schreibpult, die Gerätschaften für die Teezeremonie, Federkiel und Tintenfass, Schlafmatte und Essgeschirr – nichts sollte hier ablenken von den religiösen Exerzitien, also von dem Versuch, die im Koran niedergelegten Gebote Allahs wenn nicht zu verstehen, so doch in ihrer Unbegreiflichkeit anzuerkennen und zu leben.

Etliche Novizen verbrachten über zehn Jahre in der Medersa Ben Youssef. Zeit muss eine relative Größe gewesen sein beim Bemühen, in klösterlicher Konzentration allem Irdischen zu entsagen und zum Kern des wahren Selbst vorzustoßen.

M MUST-SEE

In eine Moschee darf ich als Nicht-Muslim nicht hinein, wie erfahre ich dann, wie ein islamischer Sakralraum aussieht? Ganz einfach: Merken Sie sich die **Medersa Ben Youssef** 1 als Must-See in Marrakesch vor: Hier gewinnen Sie ein sehr konkretes Bild eines solchen Raumes und zusätzlich ist die Ornamentkunst im Inneren dieser Koranschule besonders beeindruckend. Letztlich vielleicht nur ein schwacher Trost, aber immerhin.

Eine Bemerkung am Rande sei erlaubt: Natürlich sieht man es Ihnen nicht an der Nasenspitze an, ob Sie Muslim sind oder nicht; man mag dieses Gebot aus guten Gründen bedauern – und sollte es doch respektieren. Gleiches gilt für die Besichtigung muslimischer Friedhöfe.

In die Studierkammern ist eine Art Galerie als zweite Ebene eingezogen, so konnten bis zu 900 Studenten hier beherbergt werden. Immerhin wurde der Lehrbetrieb in dieser einst größten Koranschule des arabischen Maghreb erst im Jahre 1960 eingestellt.

Zeitgenössische Kunst trifft auf traditionelles Handwerk

Anders als der Name vermuten lässt, ist das neben der Medersa Ben Youssef gelegene **Musée de Marrakech** 2 kein Museum zur Stadtgeschichte, sondern eine Adresse, an der sich eine Wechselausstellung zeitgenössischer Kunst mit einer Dauerausstellung traditionellen marokkanischen Kunsthandwerks kombiniert findet. Das 1997 eingeweihte Museum ist das einzige privat finanzierte in Marrakesch. Es verdankt seine Existenz der Stiftung Omar Benjelloun. Benjelloun (1928–2003), der als Unternehmer in der Automobilindustrie seit den frühen 1960er-Jahren ein geradezu märchenhaftes Vermögen angehäuft hat, galt als einer der einflussreichsten Industriellen Marokkos – und als feinsinniger Kunstsammler und großzügiger Mäzen gleichermaßen.

Ein Vogel, dargestellt auf einer marokkanischen Keramikarbeit? Das im Islam vorherrschende Verbot der Abbildung von Menschen und Tieren wurde hier geschickt umgangen: Der Vogel ist aus arabischen Schriftzeichen gestaltet.

Womöglich eindrucksvoller als die Museumsbestände (geschnitzte Holzportale, Dolche und Schwerter, Burnusse und Kaftane, Utensilien für die Teezeremonie, Silberschmuck, Stickereien und – mit seltener Kennerschaft kommentiert – historische Keramik aus Fès) ist das Museum selbst. Das Musée de Marrakech logiert im Palais des Wesirs Mehdi Mnebhi, der während des Sultanats von Moulay Abdelaziz (1894–1908) zeitweise Verteidigungsminister war. Der gesamte Komplex ist ein weitläufiges, um die 2000 m² umfassendes Palais mit Seitentrakten, gepflaster-

UM DIE ECKE

Die **Koubba des Almoravides** 3 (Place de la Kissaria), 1117 erbaut und eines der ganz wenigen erhaltenen Bauwerke aus der Almoraviden-Epoche, soll restauriert werden – und sie hat es auch bitter nötig, so verrottet wie sie sich derzeit präsentiert. Während der Recherche (Sommer 2017) war mit den Arbeiten noch nicht einmal begonnen worden, die Anlage war verschlossen.

ten Innenhöfen, Arkaden, Salons und Alkoven. Allein der gewaltige Lüster im Patio des Gebäudes ist ein ganz besonderer Blickfang.

INFOS/ÖFFNUNGSZEITEN

Medersa Ben Youssef 1: Place Ben Youssef, T 0524 44 18 93, tgl. 9–18 Uhr, 30 DH. Mehrere Schrifttafeln mit guter Kommentierung, freilich nur auf Arabisch und Französisch.
Musée de Marrakech 2: Place Ben Youssef, T 0524 44 18 93, www.museedemarrakech.ma, tgl. 9–18 Uhr, 50 DH. Gute, ausführliche Kommentierung, insbesondere zur Keramik aus Fès, allerdings nur auf Arabisch und Französisch.

KULINARISCHES FÜR ZWISCHENDRIN

In diesem Sektor der Medina ist das traditionsreiche **Le Foundouk** 1 (55, Rue Souk El Fassi, Kat Bennahid, unmittelbar beim Musée de Marrakech, T 0524 37 81 90, www.foundouk.com, Do–Di 19–24 Uhr, Vorspeisen 50–140 DH, Fleisch- und Fischgerichte 140–190 DH, *tajines* 100–150 DH, *couscous*-Varianten 100–165 DH) wohl das einzige renommierte Restaurant. Sie speisen in stilvollem Riad-Ambiente, an lauen Abenden auch auf der Dachterrasse. Verlässlich gute Küche, auf französische und marokkanische Gerichte spezialisiert, freundlicher und aufmerksamer Service. Dazu eine große Auswahl an Cocktails mit und ohne Alkohol sowie an französischen und marokkanischen Rot- und Weißweinen.

KULTUR IM ›STORCHENHAUS‹

Seit 1999 ist der **Dar Bellarj** 1 (Fondation Dar Bellarj, 9, Rue Toualate Zaouiate Lahdar, T 0524 44 45 55, www.darbellarj.org, Mo–Sa 9.30–17.30 Uhr, Eintritt frei), das ›Storchenhaus‹, nach aufwendiger Restaurierung ein Kulturzentrum und beliebter Veranstaltungsort für Lesungen, Konzerte und Ausstellungen. Sein Name bezieht sich auf eine früher hier angesiedelte Tierklinik für Störche, die in Marrakesch als heilige Tiere verehrt wurden. Der Riad-Innenhof mit seinem Springbrunnen ist ein angenehmer Ort zum Verschnaufen oder zum kurzen Verweilen bei einem Tee oder Kaffee.

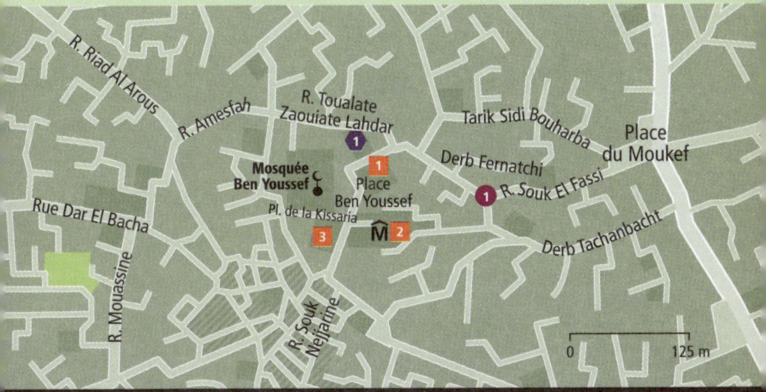

Cityplan: Karte 2, F 5 | **Stadtteil:** nördliche Medina

9

Einzigartig – **Maison de la Photographie**

Marokko vor 70 Jahren, vor 160 Jahren? Sie interessieren sich dafür, wie es damals aussah, was das Land charakterisierte? Wie es sich verändert hat? Dann sollten Sie die 2009 gegründete Maison de la Photographie besuchen, die zu Recht einiges Renommee erlangt hat.

Der Franzose Patrick Manac'h hat eine einzigartige Sammlung historischer Fotografien aus der Ära zwischen 1860 und 1950 zusammengetragen. Die daraus komponierten Wechselausstellungen eröffnen eine so womöglich noch nie gesehene Perspektive auf die Geschichte Marokkos – gerade auch auf jenes vor der Protektoratszeit.

Nachdenken, sich versenken, sich vorstellen

Diesem Blick ist kaum standzuhalten: Ein Antlitz, das noch fast 150 Jahre danach den Betrachter

Mensch und Wüste, Licht, Hitze, nächtliche Kälte, unendliche Weite – in dieser Fotografie spiegelt sich die Faszination einer Landschaft, die Einsamkeit verheißt, aber Menschen nur in engem Zusammenhalt einen Lebensraum bietet.

anklagt, versteinert in Verzweiflung, ein Blick von endgültiger Trauer, der etwas Unfassbares hat, vielleicht ein tiefes Geheimnis oder Reste unverlierbarer Würde. Wer war der Mann? Ein Bambara-Sklave aus dem früheren französischen Sudan, aufgenommen 1870 in Tanger; er muss einer quälend langen Belichtungszeit ausgesetzt gewesen sein. Die in der **Maison de la Photographie** 1 ausgestellten Fotos sollten Betrachter nicht flüchtig zur Kenntnis nehmen, diese Bilder appellieren an das Vorstellungsvermögen des Rezipienten, im besten Fall können – und sollten – Sie sich in sie versenken.

Viel mehr als ein Nachlassverwalter

In unmittelbarer Nähe zur Medersa Ben Youssef hat der auf Madagaskar geborene Wahl-Marrakchi Patrick Manac'h einen Riad gekauft, der heute eine Sammlung von über 4000 historischen Fotonegativen, Plattenabzügen und frühen Daguerrotypien beherbergt. Mit der ihm eigenen Mischung aus diplomatischem Geschick, Beharrlichkeit und rhetorischem Elan, mit dem Instinkt des Suchers und der Fortüne des Experten hat er ganze Fotonachlässe von den Nachfahren jener Exilfranzosen erstanden, die während der Protektoratszeit (1912–56), oft auch schon vorher und häufig in leitenden Stellungen, in Marokko gelebt haben. Etwa alle sechs Monate arrangiert er aus dem riesigen Materialfundus, der bisher noch gar nicht komplett gesichtet, geschweige vollständig archiviert und digitalisiert ist, eine Wechselausstellung von etwa 150 Motiven.

Fotografische Schätze, faszinierende Fotografien einer vergangenen Welt

In dieser Sammlung, die echte Schätze enthält, befinden sich die frühesten vom Flugzeug aus aufgenommenen Luftaufnahmen marokkanischer Städte, eindrucksvolle Porträts aus den 1870er/1880er-Jahren, etwa von marokkanischen Juden oder Gnaoua-Musikern, hinreißende Aufnahmen von Frauen, überwältigende Landschaftstotalen aus dem Tafilalet, Ansichten von Dörfern, Kasbahs und Städten um 1900 sowie stilllebenähnliche Momentaufnahmen aus dem Alltag. Meisterwerke aus Licht und Schatten, bewusst komponierte, ästhetisch ausgefeilte Aufnahmen finden sich hier neben Fotos von

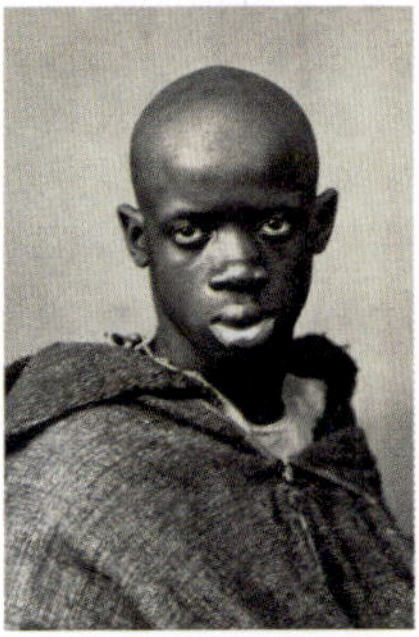

Wie mag der junge Bambara in seiner Heimat vor seiner Verschleppung gelebt haben? Auf dem Gebiet des heutigen Mali, vom Ende des 19. bis zur Mitte des 20. Jh. Teil des Soudan français, hatten die Bambara von 1712 bis 1861 ein eigenes Reich.

A AUSFLUG?

Anderes Thema, aber derselbe Enthusiast: Manac'h hat auch das sehenswerte **Ecomusée Berbère de l'Ourika** (► S. 84) in einer restaurierten Kasbah im Dorf Tafza aufgebaut. Ein interessantes Ziel, wenn Sie dem Trubel der Großstadt Marrakesch für ein paar Stunden entfliehen möchten.

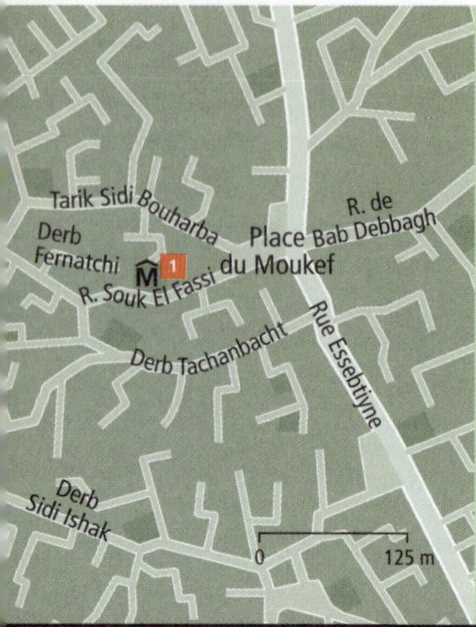

INFOS/ÖFFNUNGSZEITEN

La Maison de la Photographie 1**:** 46, Rue Souk Ahal Fès (ca. 200 m von der Medersa Ben Youssef), T 0524 38 57 21, www.maisondelaphotographie.ma, tgl. 9.30–19 Uhr, 40 DH, unter 12 Jahren Eintritt frei. Café und Boutique mit Postkarten, Abzügen, Plakaten, auf Wunsch werden Reproduktionen gefertigt, je nach Größe 200–3000 DH.

KULINARISCHES FÜR ZWISCHENDRIN

Direkt vor Ort können Sie sich im **Café** auf der Panoramaterrasse der Maison de la Photographie bei Getränken und kleineren Gerichten stärken.

Cityplan: Karte 2, F 5 | **Stadtteil:** nördliche Medina

singulärem dokumentarischen Wert, die einen Augen-Blick der Historie bewahren, indem sie ihn auf die beschichtete Glasplatte der Kamera bannen. Panoramen aus einer versunkenen Welt, die deshalb nicht unwiederbringlich verloren ist, weil sie im fotografischen Abbild fixiert wurde, in einem Abbild, das den Betrachter auffordert, die historische Aufnahme mit seiner Fantasie zu beleben, Geschichte zu vergegenwärtigen, in einen Dialog einzutreten mit dem Gehalt der Fotografie, die dem Betrachter nicht weniger als das Substrat der Geschichte entgegenhält. So entstehen in den Exponaten der Maison de la Photographie ganze Epochen marokkanischer Geschichte in einer geradezu körperhaften Präsenz.

Ein Haus der Begegnung

Die Fotoausstellung wird darüber hinaus flankiert von der Vorführung mehrerer, auf Farbmaterial aufgenommener Dokumentarfilme über die Berber im Hohen Atlas – 1957 gedreht und damit ganz frühe Proben des dokumentarischen Kinos in Marokko.

Die Maison de la Photographie ist weniger ein Museum als ein Haus der Begegnung, ein Haus, das in Marrakesch nicht seinesgleichen hat. Geschichte, kann man hier lernen, ist nicht tot – sie ist nicht einmal vergangen!

Ü ÜBRIGENS

Sie interessieren sich für die technischen Details aus der Geschichte der Fotografie? Für fotografische Schulen und Studios? Auch dann sind Sie in der Maison de la Photographie richtig. Selbst verschiedene Verfahren der Reproduktion und Entwicklung, Kameratypen, Linsen, Filter, Rollfilme, Blitzlicht und Belichtungsmesser werden hier präsentiert und erläutert.

Mittelalter hautnah – **das Quartier des Tanneurs**

10

Hier wird malocht – und es stinkt zum Himmel. Das müssen Sie aushalten. Das Quartier des Tanneurs, das alte Gerberviertel, markiert wohl jenen Sektor innerhalb der Medina, in dem sich die Aura des schönen Scheins und jede romantisierende Illusion besonders brutal verflüchtigen. Die Gerber schuften hier, bis zur Hüfte in riesigen Bottichen stehend, inmitten ätzender Laugen, stechender Gerüche und giftiger Dämpfe.

Es ist Knochenarbeit, die die Färber im Quartier des Tanneurs verrichten. Gesundheitsgefährdung für schönes, buntes Leder und viel Geld, von dem die Färber selbst aber nichts sehen. Den Profit streichen andere ein.

Das **Gerberviertel** 1 ist seit der Almoravidenzeit des frühen 12. Jh. an seinem Standort beim **Bab Debbagh** 2 (Porte de tannage) in Marrakesch nachgewiesen. Die Nähe zum Wasser, zum **Oued Issil** 3, die konstanten Windverhältnisse, die die

Wundern Sie sich nicht, wenn Ihnen einer der Fremdenführer im Gerberviertel unvermittelt ein Büschel frische Minze in die Hand drückt. Zarter besaiteten Naturen wird damit diskret empfohlen, sich die Minzblätter bei Bedarf vor die Nase zu halten – aus naheliegenden Gründen!

üblen Gerüche aus der Stadt heraustragen, sowie die Nähe zu den Souks, damit die kurzen Verkaufs- und Vertriebswege, haben das Terrain seit jeher für das Gerberhandwerk prädestiniert. Auf einem Gelände von 80 000 m^2 schuften noch heute etwa 1600 Gerber in 22 Gerbereien. Anders als etwa in Fès sind sie in einer Kooperative zusammengeschlossen und verwalten eine gemeinsame Kasse, aus der etwa die Ausgaben für Wasserversorgung und Müllabfuhr bestritten werden.

Dämonen, zum Leben verurteilt

Seit dem Mittelalter galten die Gerber als zum Leben verurteilte Dämonen, waren sie doch, mit magischen Kräften begabt, etlichen giftigen und gefährlichen Substanzen ausgesetzt, denen offenbar nur mit geheimen Energien zu trotzen war. Wer heute das Gerberviertel von Marrakesch durchstreift, begibt sich auf eine Zeitreise in dieses Mittelalter, in eine Epoche vor jeder Mechanisierung und Industrialisierung, in eine Ära der Handarbeit, deren Prozesse seit Jahrhunderten unverändert sind. Aus den Schlachthäusern werden die Tierhäute mit Eselskarren hierhin geliefert; die einzelnen Etappen, die die Prozedur des Gerbens ausmachen, dauern etwa drei Monate.

Wie die Farbe aufs Leder kommt – Kalkbäder, Taubenkot und Sud

Die Häute werden zunächst in Wasser- und Salzbädern eingeweicht sowie in diverse Kalklaugen getaucht. Dann versenkt man sie in Bottiche mit Taubenkot, dies ist entscheidend für die Geschmeidigkeit des Leders. Später werden sie zum Bleichen in mit Mehl versetzten Laugen weiterverarbeitet und endlich mit Gerbstoffen behandelt, die aus einem speziellen, aus Borken und Rinden aufgekochten Sud gewonnen werden. Die Häute werden sodann in der Sonne getrocknet, mit speziellen Klingen abgeschabt und zum Einfärben in die Souks transportiert. An Naturfarben kommen die Substanzen Indigo (blau), Safran (gelb), Grenadine (gelb), Henna (rot), Mohn (rot), getrocknete Minze (grün) und Khol (schwarz) zum Einsatz; diese Materialien werden freilich immer mehr von Chemiefarben verdrängt.

Die einzelnen Bassins, schon farblich klar zu unterscheiden, sind räumlich getrennt und mar-

▶ INFOS

Genausowenig wie Sie im Gerberviertel ein Lokal zum Einkehren finden, können Sie hier Lederwaren erstehen. Die entsprechenden **Verkaufsstätten** liegen in anderen Sektoren der Medina (etwa in der Nähe der Moschee Ben Youssef). **Boutiquen** mit hochwertigen Lederjacken, edlen Handtaschen und schicken Schuhen finden sich in der Neustadt, besonders in Guéliz.

kieren gut erkennbar die verschiedenen Etappen der Verarbeitung. In jedes Becken – manche werden von mehreren Gerbereien gemeinschaftlich genutzt – sind etwa 30 Häute getaucht.

In Marrakesch gibt es nur von Berbern sowie nur von Arabern betriebene Gerbereien und außerdem ›gemischte‹ Betriebe. Ethnische Herkunft und handwerkliche Tradition bedingen sich offenbar gegenseitig: Während sich die Berber auf das Gerben von Kamel- und Rindleder, also auf die großen Häute, spezialisiert haben, sind die kleinen Häute, vor allem Schaf- und Ziegenleder, die angestammte Domäne der Araber.

Gestank versus Gewinn, Maloche versus Luxus

Spuren von Blut und Kot, Fleisch- und Fellreste, üble Aromen, bei Windstille ein mörderischer Gestank. Das Gerberviertel zeigt ein proletarisches Marrakesch, das totale Gegenbild zu jenem *Marrakech de luxe,* das sich etwa in den Stadtteilen Guéliz oder Hivernage findet. Ein Gerber verdient bestenfalls um die 80 Dirham pro Tag, ein elender Lohn für eine gesundheitsgefährdende Maloche. Nur etwa ein Viertel der Lederproduktion von Marrakesch geht in den Verkauf an die Touristen, fast drei Viertel werden dagegen exportiert, nach Europa und nach Übersee. Hier, im Export, im Groß- und Zwischenhandel, werden die wahren Profite der Branche erwirtschaftet.

INFOS

Besuch per Führer: Wer als Tourist im Gerberviertel aufkreuzt, wird über kurz oder lang von einem selbsternannten Fremdenführer in Empfang genommen. Ohne Begleitung kommen Sie hier freilich kaum zurecht, manche Areale sind schwer zu finden und oft hinter verwitterten Eingängen verborgen. Außerdem sind Sie mit einem Führer autorisiert, die Areale zu betreten. Sie sollten mit ihm zu Beginn ein Honorar (je nach Dauer 20–50 DH) aushandeln und klären, was Sie sehen möchten.

KULINARISCHES FÜR ZWISCHENDRIN

Im Viertel selbst gibt es keine Einkehrmöglichkeit. Am besten fahren Sie per Stadttaxi ins Viertel Guéliz.

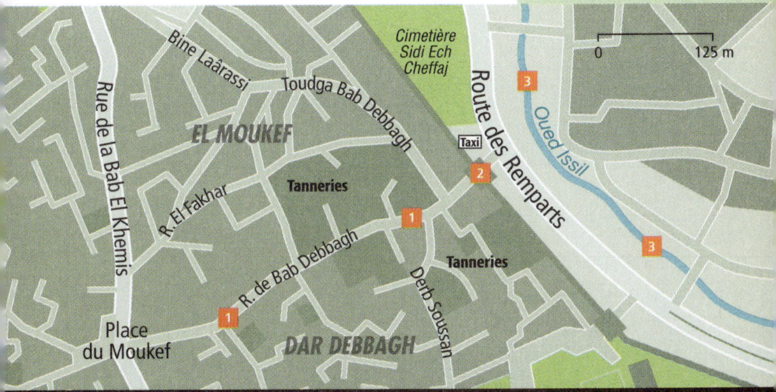

Cityplan: F/G 4/5 | **Stadtteil:** nordöstliche Medina, Rue de Bab Deggagh zwischen Place du Moukef und Bab Debbagh

11

Alles ist brauchbar – **der Flohmarkt am Bab El Khemis**

Die Überschrift ist zwar wahr, aber immer noch untertrieben. Der Flohmarkt am Bab El Khemis sowie der Souk El Khemis in den Hallen und Kontoren am Bab Layadi bilden einen riesigen Warenumschlagplatz, einen wichtigen Knotenpunkt in den Handelsnetzen und Recyclingkreisläufen von Marrakesch. Hier können Sie den viel beschworenen und bis heute bedeutenden informellen Sektor der marokkanischen Volkswirtschaft in seiner ganzen Vitalität zu erleben.

In den Gelassen und Gassen des Souk El Khemis finden Sie nicht nur Gebrauchtwaren, sondern auch Kleidung, Töpferwaren und und und … Hier kaufen auch die Marrakchis ein.

Allein, das gewaltige Warensortiment tagtäglich hierhin zu karren, auszuladen, am Standplatz zu präsentieren, später das Ganze wieder einzupacken, aufzuladen und abzufahren, ist eine logistische Meisterleistung. Für den Transport steht eine ganze Armada aus Lastkarren, Eselsgespannen, Dreirädern und Kleinlastern bereit. Wer will,

kann hier einen kompletten Hausstand erwerben – oder nur ein ausgefallenes, womöglich lange gesuchtes Ersatzteil. Manche Anbieter präsentieren imponierende Sortimente an Haushaltswaren, Gebrauchtklamotten oder Elektrozubehör, andere haben auf einer Plane oder einem Stück Karton lediglich ein paar Schrauben, Türschlösser oder Rollen mit Klebeband ausgebreitet.

Trödel und Raritäten, Recycling und Schrott – Duales System à la marocaine

Die Grenzen zwischen Plunder und Kitsch, Trödel und Raritäten, gerade noch Brauchbarem und Überflüssigem, Schnäppchen und Schrott sind orientalisch fließend. Beim Flanieren und Stöbern stoßen Sie auf originalverpackte italienische Markenhemden, auf günstige Flachbildschirme oder schöne alte Taschenuhren, dazwischen finden sich ausrangierte Dichtungsringe, lädiertes Kinderspielzeug oder vergammelte Zeitschriften. Man mag sich fragen, bis zu welchem Grad der Improvisation das Reparieren von Gegenständen eigentlich lohnt – und wo etwa die Grenze zwischen dem gerade noch Brauchbarem und dem definitiv nicht mehr Brauchbaren verläuft. Zu den Prinzipien dieser Form von Basarökonomie gehört immerhin die Überzeugung, dass noch Schutt und Schrott, Müll und Abfall Elemente eines Verwertungskreislaufs sind. Wer die Markthallen, die Läden, Werkstätten, Kontore und Gelasse am **Bab Layadi** 1 durchstreift, entdeckt in den Quergassen immer wieder die Aufkäufer von Recyclingware. Glasflaschen, Getränkedosen, Altpapier, Plastikkanister werden hier aufgekauft und zwischengelagert, später an professionelle Abnehmer weiterverkauft und so wieder, als Teile eines Warentransfers, in die Handels- und Recyclingzyklen eines ökonomischen Systems eingespeist. Eine Art Duales System à la marocaine …

Unfassbar – der informelle Sektor

Die meisten Verkäufer und Aussteller, Handwerker und Transportarbeiter, die fliegenden Händler, die Inhaber der mobilen Essens- und Getränkestände gehen hier einem Gewerbe nach, das zwar ein (in der Regel) karges Salär abwirft, aber kein arbeitsrechtlich fixiertes Anstellungsverhältnis bedeutet. Während die Ladeninhaber ihr Geschäft unter einer Patentnummer angemeldet haben und ihre

Ob diese Scheren noch funktionieren? Wenn ein gewiefter Scherenschleifer sie aufarbeitet: vielleicht …

A ALMOSEN

Überall in Marrakesch werden Ihnen in Not geratene, bedürftige Mütter begegnen, zumeist mit offensichtlich kranken, leidenden Kleinkindern. Zögern Sie nicht, ein Almosen zu spenden, wenn Ihnen danach ist. Immerhin gibt es in Marrakesch einen Markt für ›Mietbabys‹! Mahi Binebine, 1959 in Marrakesch geboren, einer der bedeutendsten bildenden Künstler und Autoren Marokkos, hat diesem Thema den hinreißenden Roman **Der Himmel gibt, der Himmel nimmt** (Basel 2016) gewidmet.

Cityplan: E/F 3 | **Stadtteil:** Medina, Nordsektor

ÖFFNUNGSZEITEN

Souk El Khemis 2: zwischen Bab Layadi und Bab El Khemis, im Prinzip Sa–Do vom frühen Vormittag bis in den Spätnachmittag

Flohmarkt am Bab El Khemis 3: wie Souk El Khemis, Do, Sa/So ist am meisten los.

KULINARISCHES FÜR ZWISCHENDRIN

Wenn Sie im Gassengewirr Hunger oder Durst überkommen, können Sie bei einem der fliegenden Händler eine kleine Stärkung erstehen.

Einkünfte (im Prinzip) versteuern müssen, arbeiten die Heerscharen der hier tätigen Amateure in jenem informellen Sektor, der sich sowohl dem Fiskus als auch jedem statistischen Zugriff entzieht – und der doch in Marokko bis heute einen wichtigen und vitalen Sektor der Volkswirtschaft darstellt. Eine klar geregelte, juristisch wie fiskalisch organisierte Ökonomie und ein spontanes, nach Angebot und Nachfrage improvisiertes, staatlicher Regelung entzogenes Wirtschaften gehen hier, in der Basarökonomie des **Souk El Khemis 2** und des **Flohmarkts am Bab El Khemis 3** miteinander einher oder auch ineinander über – wie so oft in Marokko.

Weggeworfen wird hier eigentlich gar nichts, repariert bis zum ›Gehtnichtmehr‹ dafür so ziemlich alles. Recyclingtechnisch mag dieser Ansatz einleuchten. Wer aber die riesigen Klempnersortimente dieses Flohmarkts begutachtet, ahnt allmählich, welche Konsequenzen heraufbeschworen werden, wenn ewig geflickt und gebastelt, wenn bis Ultimo herumrepariert, wenn immer wieder improvisiert wird, statt ein einziges Mal wirklich zu investieren. In einer Stadt wie Marrakesch, die im Hochsommer gewaltige Probleme mit ihrer Trinkwasserversorgung hat, versickert weit über ein Drittel der kostbaren Ressource aus defekten Leitungen, aus maroden Spülkästen und brüchigen Dichtungen. Wer sich das Klempnermaterial auf dem Souk El Khemis mal zeigen lässt, der weiß auch, warum …

Marrakesch de luxe – **Hivernage und Guéliz**

12

Breite, palmengesäumte Prachtavenuen, kilometerlange Sichtachsen, Grünflächen und Parks, Luxushotels und Einkaufszentren, Banken und Behörden, Theater, Kasino und Kongresspalast – die Neustadt von Marrakesch, insbesondere die Viertel Hivernage und Guéliz, präsentieren verglichen mit der Medina eine gänzlich andere Welt.

Genau der richtige Parcours für eine Kutschfahrt: Sie können an der Djemaa El Fna starten, die Kutschen *(calèches)* warten gegenüber vom Club Med an der Place de Foucault. Dann nehmen Sie Kurs auf das **Bab Jedid,** passieren kurz davor das legendäre, 1923 eröffnete Luxushotel **La Mamounia** 1 (► S. 90) mit seinen weitläufigen Gartenanlagen und dem hoteleigenen

Genug alte Gemäuer und verwinkelte Gassen gesehen? Das Kontrastprogramm bieten Hivernage und Guéliz rund um die Place du 16 Novembre (Guéliz).

Kasino und steuern über die etwa 2 km lange Avenue de la Ménara die berühmten Ménara-Gärten an. Direkt zu Beginn der Avenue liegt rechts die 2016 eröffnete hypermoderne und luxuriöse **Menara Mall** 1.

Linker Hand erstreckt sich die weitläufige **Oliveraie de Bab Jedid** 2, ein ausgedehntes Plantagengelände, das dem ökonomischen Kalkül der gerade in Marrakesch grassierenden Immobilienspekulation offenkundig noch entzogen ist, eine fast ländlich anmutende ›grüne Lunge‹ zwischen Stadtzentrum und Flughafen. Nördlich der Avenue de la Ménara liegt das **Casino de Marrakech** 3.

Für heute genug beim Lernen geschwitzt, die Ménara-Gärten versprechen ein wenig Erholung und Abkühlung.

Erholung für die Marrakchis

Die **Jardins de la Ménara** 4 sind, als Zufluchtsort der Sultane vor der sengenden Sommerhitze, bereits aus der Almohadenära des 12. Jh. verbürgt. Längst sind die Ménara-Gärten ein beliebtes Wochenendziel der Marrakchis: Ganze Familien picknicken hier im Schatten der Palmen- und Olivenhaine.

Bis heute ist das **Bassin de la Ménara** 5 als gewaltiges Frischwasserreservoir von Bedeutung, das über ein ausgeklügeltes hydraulisches System durch Zuflüsse aus dem Ourika-Tal gespeist wird. Der aus dem 19. Jh. stammende **Pavillon** 6 an der Stirnseite des Beckens gehört zu den klassischen ›Maroc-typique‹-Fotomotiven, ein unverzichtbares Element in sämtlichen Marrakesch-Bildbänden. Vom Balkon des Pavillons bietet sich ein überwältigendes Panorama, der Blick schweift über die Gärten und Plantagen, bei klarer Sicht bis zu den Schneegipfeln des Hohen Atlas. Der Pavillonseite gegenüber ist inzwischen eine **Tribüne** 7 aufgebaut – abends spielen hier Musiker auf, Romantiker genießen den Sonnenuntergang, Trommelwirbel erklingen und frisch Verliebte geben sich ein Stelldichein.

Pavillon am Bassin de la Ménara

Luxus – Quartier Hivernage

Die endlose **Avenue Mohammed VI** (der frühere Boulevard de France), angeblich die längste Prachtstraße Marokkos, durchzieht die gesamte Neustadt von der Peripherie im Süden bis zum Lycée Victor Hugo und dem Institut Français im Nordwesten. Die vierspurig ausgebaute Avenue säumen etliche Luxushotels (Royal Mirage, Le Meridien, Atlas Marrakech, Riad Menara, Les Idrissides).

Auf Höhe der Avenue Moulay Hassan I liegt der **Kongresspalast** 8, dem hypermodernen **Hauptbahnhof** 9 gegenüber das **Théâtre Royal** 10, 2001 eröffnet (▶ S. 108). Den Prachtbau im neoklassizistischen Stil entwarf der aus Tunesien stammende Architekt Charles Boccara, der in Marrakesch etliche in der Architekturszene renommierte Bauten kreiert hat (z. B. die Hotelanlage Les Deux Tours in der Palmeraie, ▶ S. 88). Im Theater finden Konzerte der marokkanischen Philharmoniker, Theater-, Tanz und Opernaufführungen sowie ab und an auch Ausstellungen statt.

In dem von den Straßenzügen Avenue de la Ménara, Avenue Mohammed VI, Avenue Hassan II und Boulevard El Yarmouk / Avenue Mohammed V eingefassten Karree befinden sich etwa ein Dutzend Luxushotels der Fünf-Sterne-Kategorie, der Stadtpark **Jardin El Harti** 11, die katholische **Église des Saints-Martyrs** 12 (in der Rue Imam Ali) – wo sich sonntagmittags eine kleine christliche Gemeinde zum Gottesdienst trifft – sowie Gebäude der Stadtverwaltung (Appellationsgerichtshof, Zollverwaltung, Schatzamt, Industrie- und Handelskammer sowie ein Polizeikommissariat).

Hypermodern und dabei doch traditionelle Elemente aufgreifend: Der Hauptbahnhof von Marrakesch verdient mehr als einen Blick.

Hip – Quartier Guéliz

Flanieren, einkaufen, ausgehen – kaum ein Stadtteil eignet sich dafür besser als Guéliz, insbesondere zwischen der **Place de la Liberté**, der **Place du 16 Novembre** und der **Place Abd El Moumen Ben Ali.** In den von der Avenue Mohammed V abführenden Querstraßen, aber auch entlang der Avenue selbst finden sich unzählige Läden und Boutiquen, zumeist auf Mode, Accessoires, Lederwaren und Einrichtungsgegenstände spezialisiert.

Insbesondere die Mall **Marrakech Plaza** 2 lädt zum Stöbern und Einkaufen ein. Inzwischen ist in der Nähe mit dem **Carré Eden** 3 ein weiteres großes Einkaufszentrum entstanden.

In Guéliz agiert meist ein junges, oft mehrere Fremdsprachen parlierendes Personal. Dem Shoppingvergnügen steht also nichts im Wege.

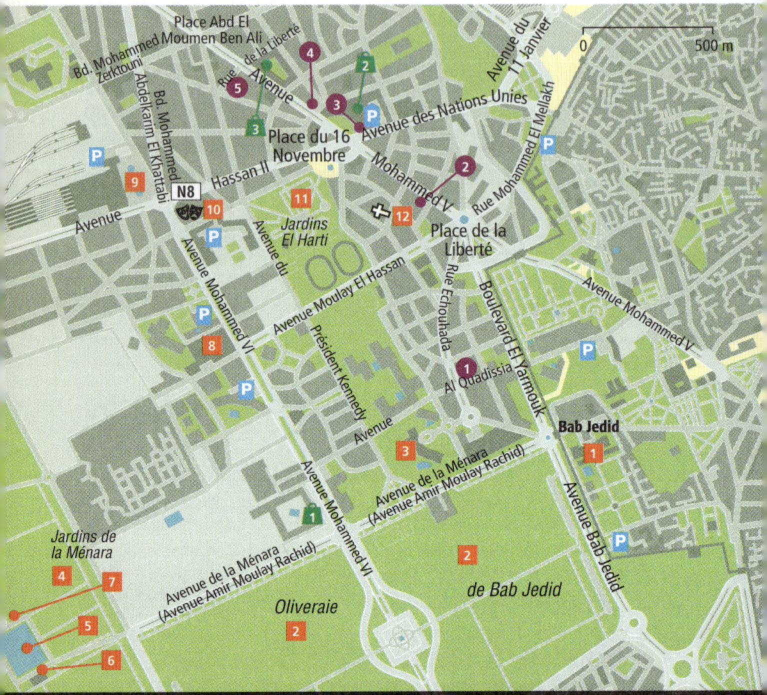

Cityplan: B/C 4–8 | **Stadtteile:** Hivernage, Guéliz

INFOS/ÖFFNUNGSZEITEN

Casino de Marrakech 3: Rue Ibrahim Mazini, www.poker-marrakech.com
Jardins de la Ménara 4: tgl. 8–18 Uhr, Gärten Eintritt frei, Pavillon 20 DH
Jardins El Harti 11: tgl. 7–20.30 Uhr
Menara Mall 1: Av. Mohammed VI/ Av. de la Ménara, www.menaramall.com, tgl. ca. 10–23 Uhr
Marrakech Plaza 2: Place du 16 Novembre, Mo–Sa 10–13, 15–20 Uhr
Carré Eden 3: Av. Mohammed V, tgl. ca. 10–22 Uhr

KULINARISCHES FÜR ZWISCHENDRIN

Das **Café Extrablatt** 1 (Ecke Av. Al Quadissia/Rue Echouhada, T 0524 43 48 43, tgl. 7–1 Uhr) ist Café, italienisches Restaurant (Gerichte 150–200 DH), Bar und Lounge in einem. Gute italienische, auch ausgefallene, Eisspezialitäten bietet **Dino** 2 (Av. Mohammed V, Höhe Rue Sebou, T 0524 43 98 88), Terrassencafé. Das Angebot im **16 Café** 3 (Place du 16 Novembre, T 0524 33 96 70, tgl. 10–23 Uhr), einer Kombination aus Café, Restaurant (Menüs 120–200 DH) und Konditorei, ähnelt dem im Extrablatt.
Oder Sie gehen für Salate, Sandwichs, Pizza (50–80 DH), *grillades* (um 100 DH) ins **Café Elite** 4 (212, Av. Mohammed V, T 0524 44 85 38, tgl. 9–24 Uhr). Gut ist auch **Kechmara** 5 (3, Rue de la Liberté, T 0524 42 25 32, www.kechmara.com, Mo–Sa 10–24 Uhr, Frühstück 45–65 DH, Tapas 40–80 DH, *formules*/Menüs 90–160 DH). Genießen Sie an der Terrassenbar einen Wein oder Cocktail und lauschen der (gelegentlichen) Livemusik.

Ein Traum in Farben – **der Jardin Majorelle**

13

Lust auf einen Spaziergang in einem wiederauferstandenen Paradies? Dann sollten Sie diesen Garten besuchen, den Yves Saint Laurent rettete und den Prinzipien arabischer Gartenbaukunst folgend in ein Märchen aus Licht und Farben, aus Wasserspielen und Pflanzen verwandelte.

Der französische Maler Jacques Majorelle (1886–1962) hatte das Terrain 1924 gekauft, hier sein Atelier errichtet und den berühmten Garten 1947 für die Öffentlichkeit freigegeben. Doch in der Folge verwilderte und verwahrloste der Garten, bis ihn 1980 Yves Saint Laurent (1936–2008) erwarb. Der französische Modeschöpfer war 1966 erstmals nach Marrakesch gekommen – und der Stadt fortan verfallen.

Majorelles Blau leuchtet aus sich heraus, versprüht Leichtigkeit, erinnert an Himmel und Ozean, lässt den Betrachter glauben: endlich etwas Abkühlung!

Sie haben nie Post von Yves Saint Laurent erhalten? Lässt sich zwar nicht mehr ändern, aber immerhin können Sie sich hier Grußkarten anschauen, die der Couturier seinen Freunden an Silvester zu schicken pflegte.

»Die Farbe hat mich«

Dieses dunkle Kornblumenblau, eigentlich eher ein ins Nachtblaue spielender Farbton, der die Fassaden von Majorelles Atelier und die großen Blumentöpfe aus Terrakotta ziert, gilt nicht umsonst als *Majorelle bleu*. Offenbar haben beide, Majorelle wie Saint Laurent, auf ihre Art in Marrakesch die Magie der Farben entdeckt, sind damit in einer Tradition verwurzelt, die auf Paul Klee und Delacroix verweist. Licht und Farben in den Ländern des arabischen Maghreb haben die bildenden Künstler Europas seit dem frühen 19. Jh. immer wieder nachhaltig fasziniert. Im Rückblick auf seine erste – und hier ist der Begriff wörtlich zu nehmen – Tuchfühlung mit Marrakesch spricht Saint Laurent von einem *choc extraordinaire* und fügt hinzu: »Diese Stadt hat mich die Farbe gelehrt.« Die im Frühjahr 2011 innerhalb einer Ausstellung »Yves Saint Laurent und Marokko« präsentierten 40 Kreationen beweisen auch dem Nichtfachmann, wie sehr hier ein international erfolgreicher Modeschöpfer in seinen Farbkombinationen, in Materialwahl und Accessoires auf spezifisch marokkanische Erfahrungen zurückgreift. »Die Farbe hat mich«: Dieser Satz von Paul Klee gilt in seinem Enthusiasmus auch für Yves Saint Laurent – und für die Farben Marrakeschs.

Der arabische Garten – das verlorene Paradies

Palmengruppen und Bambushaine, Seerosenteiche und Kakteenanlagen, weiches Licht, durch Geäst und Zweige gefiltert, plätschernde Springbrunnen, Singvögel in den Baumwipfeln, Pergolas, Brunnen und Pavillons – das ummauerte Areal des **Jardin Majorelle** 1, eine wunderbare Kombination aus tropisch wuchernder Vegetation und rational geplanter Struktur, Kombination also aus Natur und Kultur, verweist in seiner Anlage auf die im Koran skizzierten Bauformen des arabischen Gartens. Dieser Garten ist, als Manifestation des verlorenen Paradieses, ein Ort zugleich der Sehnsucht und der Vergänglichkeit. In diesem Garten wird einer unter sengender Sonne ausgedörrten Natur ihr Kostbarstes abgetrotzt: das Grün der Pflanzen, das silbrig Schimmernde des Wassers und die Farben der Blüten. Ein Garten Eden – und damit ein Stück Leben inmitten einer vom Tod bedrohten Natur.

2012 als **Musée Berbère** 2 neu eröffnet, darf die Kollektion im früheren Atelier Majorelles (vier Säle, ca. 600 Exponate) als eine der landesweit besten Ausstellungen zur Kulturgeschichte der Berber in Marokko gelten. Unbedingt sehenswert!

UM DIE ECKE

Wo, wenn nicht hier, ist ein Yves Saint Laurent und seiner Mode gewidmetes Museum richtig platziert? Eröffnet werden soll das **Musée Yves Saint Laurent** 3 (Rue Yves Saint Laurent) voraussichtlich zum Jahreswechsel 2017/2018.

INFOS/ÖFFNUNGSZEITEN

Jardin Majorelle 1, **Musée Berbère** 2: Rue Yves Saint Laurent/Av. Yacoub El Mansour, T 0524 31 30 47, www.jardinmajorelle.com, tgl. 1. Okt–30. April 8–17.30, 1. Mai–30. Sept. 8–18, während des Ramadan 9–17 Uhr, Garten 70 DH, Museum 30 DH. Am Eingang erhält der Besucher einen Flyer mit Lageplan und Basisinfos. Im Buchladen liegen einige interessante Werke aus, Museumsboutique und Café sind für marokkanische Verhältnisse überteuert. Behindertengerechter Eingangsbereich.

KULINARISCHES FÜR ZWISCHENDRIN

Kaowa 1: 34, Rue Yves Saint Laurent, T 0524 33 00 72, tgl. 8–18 Uhr, Frühstück 60 DH, Salate/Sandwichs um 50–60 DH, Kuchen/Eis, Kaffee/Tee 20–30 DH, Fruchtsaftkreationen 30–40 DH. Angenehmes Café mit Terrasse direkt beim Jardin Majorelle, deutlich günstiger als das Museumscafé, freundlicher Service.

BÜCHER, KUNST, MODE UND MEHR

Eine kleine, aber feine und gut sortierte Buchhandlung mit Ausstellungsraum im ersten Stock ist **Darart** 1 (79, Rue Yves Saint Laurent, Résidence Mirador Majorelle, T 0524 31 45 93, tgl. 9–18 Uhr). Hier finden Sie marokkanische Belletristik, französische Klassiker, Sach- und Kinderbücher. Bemerkenswert und in Marrakesch relativ selten ist die immense Auswahl an exquisiten Bildbänden zur Geschichte Marokkos, zu einzelnen Regionen und Städten des Landes.

Mode, Accessoires, Schmuck und Schuhe in großer Auswahl bietet **33 Rue Majorelle** 2 (33, Rue Yves Saint Laurent, T 0524 31 41 95, www.33ruemajorelle.com, tgl. 9.30–19 Uhr). Angeschlossene Kunstgalerie La Galerie.

Kosmetikprodukte, Markenparfüms, u. a. die Kreationen Soir de Marrakech und – dem *genius loci* verpflichtet – Majorelle Parfum können Sie in der **Galerie Majorelle** 3 (Rue Yves Saint Laurent, T 0524 30 37 47, tgl. 10–18 Uhr) erstehen.

Cityplan: C/D 3 | **Stadtteil:** Guéliz, Nordosten

14

Marrakeschs Ursprung – die Palmeraie

Marrakeschs Anfänge verlieren sich im Mythos, aber nirgendwo zeigt sich der einstige, heute kaum noch greifbare Charakter der Metropole als Oasensiedlung so deutlich wie in der riesigen Palmeraie an ihrer nordöstlichen Peripherie. Und nirgendwo treten die ökologischen Herausforderungen der Moderne so unerbittlich in Erscheinung wie gerade hier. Noch sind die Reste der Palmeraie zu besichtigen – als die poetischen Restposten einer Natur, die es in 10, 20 Jahren womöglich nicht mehr gibt.

Hier in der Palmeraie von Marrakesch können noch Erinnerungen wach werden – an die Karawanen, die einst von Oase zu Oase durch die Sahara zogen.

Als der Almoravidensultan Youssef Ben Tachfine um 1070 sein Heerlager vor den Toren Marrakeschs aufschlug, sollen seine Krieger die Kerne der abends verzehrten Datteln einfach weggeworfen haben. Einige entwickelten neue Triebe, aus denen ein Palmenhain entstand, der sich stetig vergrößerte …

Ausgeklügeltes Bewässerungssystem

Was die Legende beschwört, ist eine Art Urszene der Palmeraie, die sich heute auf einem Gelände von etwa 120 km² erstreckt. Marrakeschs historischer Kern ist eine Palmenoase, gespeist aus einem System artesischer Brunnen, bewässert über ein ausgeklügeltes Netzwerk von *foggaras* bzw. *khettaras,* von teils über-, meist aber unterirdischen Schächten, Leitungen und Stauwehren. Diesem Bewässerungssystem, das – vereinfacht gesagt – in der Vertikalen Grundwasser anzapft und die Ressource in der Horizontalen, an der Oberfläche verteilt, verdankte die Palmeraie über Jahrhunderte ihre Existenz und ihre fortschreitende Ausdehnung. Noch in den 1990er-Jahren soll es hier etwa 300 000 Dattelpalmen gegeben haben.

P
PALMERAIE

Auch vom Deutschen ausgehend, erklärt sich der Begriff *palmeraie* fast von selbst: ein landwirtschaftlich für den Anbau von Palmen (frz.: *palmiers*) genutztes Gebiet.

Ein bedrohtes Biotop

Heute ist die Palmeraie ein in vielerlei Hinsicht bedrohtes Biotop, ein siechendes Ökosystem. Obschon von den – in Trockenzeiten freilich kaum Wasser führenden – Flüssen Oued Tensift und Oued Issil durchzogen, ist das Terrain von Dürre, Verkarstung und Versteppung bedroht. Der Grundwasserspiegel, der vor 20 Jahren noch in etwa 15 m Tiefe lag, ist in einigen Sektoren inzwischen auf etwa 60 m abgesunken, Tendenz weiter fallend.

Wer auf dem **Circuit de la Palmeraie** 1, dem kilometerlangen Rundkurs durch das Gelände, unterwegs ist, dem können die märchenhaften, gut gesicherten und hinter hohen Mauern verschanzten Anwesen der hier ansässigen Reichen und Superreichen kaum verborgen bleiben. In diesen Enklaven bestimmen tropisch wuchernde Gärten die Szenerie, eine üppige Blütenpracht, dichte Vegetation. Außerhalb der ummauerten Areale steinharter Boden, ausgemergelte Pflanzen, verdorrte Palmen, etliche bereits abgestorben, andere offenbar von Schlauchpilzen befallen, verkohlte Stämme ragen in den Himmel, dürre Palmwedel, eher staubgrau als grün.

Was sich in der Palmeraie konzentriert – eine Phalanx von Luxushotels, darunter der **Club Med La Palmeraie** 1, Villen- und Appartementanlagen, Fitness- und Wellnesscenter etc. –, markiert, exklusiver und abgeschotteter als in Hivernage,

Nicht jedem ist ein Kamel gegeben, um die Weiten der Palmeraie zu durchstreifen.

ein touristisches Luxusresort für die Reichen und Schönen. Richtung Oued Tensift etwa liegen das **Palmeraie Conference Center** 2 (Palais des Congrès Palmeraie Marrakech) – ein Kongresspalast mit Kapazitäten für 4000 Personen! – und die Beachclub-Anlage **Nikki Beach** 1, in Marbella, St-Tropez oder Miami erprobt, in Marrakesch eine Absurdität. Obendrein werden auf den weitläufigen, im Sommer permanent bewässerten Golfplätzen gewaltige Mengen an Trinkwasser verschwendet, das den Marrakchis, den Stadtbewohnern, immer mehr fehlt.

Ein bizarrer Kontrast – hier die Natur in verschwenderischer Blüte, dort vertrocknet und welk, ein apokalyptisches Bild. Die Verteilung der kostbaren Ressource Wasser ist ein Politikum – und auch ein Geschäft: die Folgen eines ungezügelten Baubooms, der immer mehr Flächen versiegelt, immer mehr Oasenland frisst.

UM DIE ECKE

Eine Exkursion in die Palmeraie von Marrakesch kann man sehr gut mit einem Besuch des **Musée de la Palmeraie** 3 (Dar Tounsi, T 0212 628 03 10 39, www.musee-palmeraie.com, tgl. 9–18 Uhr, 40 DH) verbinden. In eine 2 ha große Gartenanlage eingebettet präsentiert hier der märchenhaft reiche Unternehmer und Mäzen Abderrazak Benchaâbane seine Privatsammlung zeitgenössischer marokkanischer Kunst der Öffentlichkeit. Gezeigt werden Gemälde und Fotografien, Skulpturen und Installationen – eine gute Gelegenheit, sich mit den Schulen, Strömungen und Stilrichtungen zeitgenössischer Bildender Kunst vertraut zu machen.

Weitere Golfplätze könnten das Schicksal der Palmeraie besiegeln. Ihr Tod würde den Charakter der Stadt unwiderruflich verändern; ein paar Dattelkerne auszustreuen wird dann nichts mehr nützen.

Noch aber erstreckt sich die Palmeraie bis zum Horizont und ist trotz allem ein magischer Ort, der im weichen Licht der Abenddämmerung einen ganz eigenen Zauber entfaltet.

INFOS/ÖFFNUNGSZEITEN

Palmeraie Conference Center 2: Circuit de la Palmeraie, www.palmeraieresorts.com

Club Med La Palmeraie 1: Sidi Yahya, La Palmeraie, T 0524 42 58 00, www.clubmed.fr

Nikki Beach 1: Circuit de la Palmeraie, T 066 351 99 92, www.nikkibeach.com, tgl. 12–18 Uhr, Gerichte ca. 150–300 DH. Eine Kombi aus Poollounge, Bar und Restaurant. Entsprechend ist die Karte: Sie bekommen Wein ebenso wie Cocktails, Meeresfrüchte und Fisch von Hummer bis Sushi und Salate.

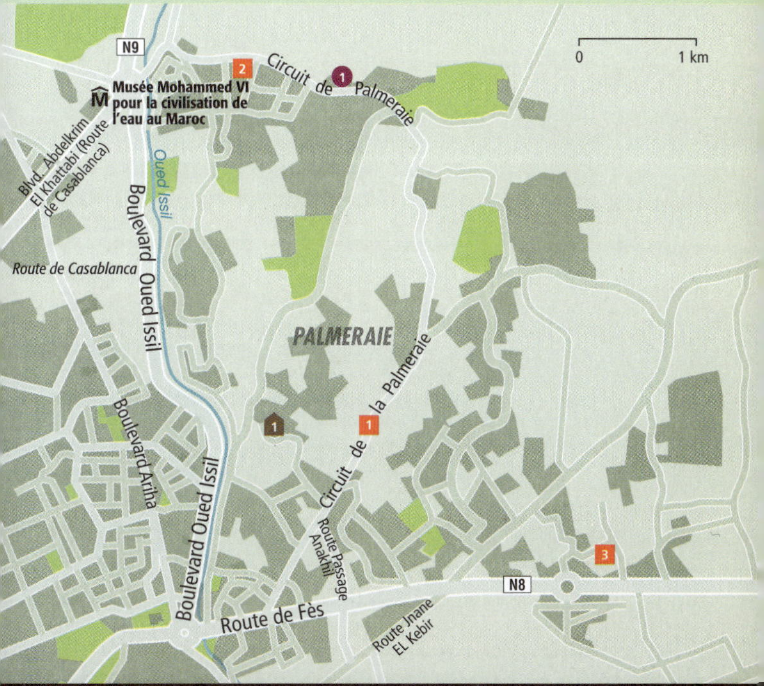

Cityplan: nordöstlich G/H 1 | **Stadtteil:** Palmeraie, nördlich der N 8, keine Stadtbusanbindung, *petit taxi* (selbst bei zähem Feilschen) nicht unter 150 DH

15

Marrakeschs Designerzentrum – **Sidi Ghanem**

Sie interessieren sich für marokkanisches Design? Dann: auf nach Sidi Ghanem – und zwar für einen kompletten Tag. Was hier nordwestlich des Stadtzentrums seit den 1990er-Jahren entstanden ist, dürfte in dieser Kombination und Dichte in Marrakesch einmalig sein. Der Stadtteil steht für Industrieviertel und Kulturzentrum, Warenlager und Produktionsstätte, Ladenzeilen und Galerien, Modeboutiquen und Showrooms.

Manch einer glaubt zunächst, er habe sich in eine Industriebrache verirrt – Autowerkstätten, Hebebühnen, Fabrikkomplexe, Lagerhallen, Motorenlärm, Kräne, Monteure und Punktschweißer bei ihrer funkensprühenden Arbeit. Sidi Ghanem wirkt auf den ersten Blick nicht gerade einladend: ein staubiges, schachbrettartig angelegtes Gelände, scheinbar ohne jeden urbanen Charme.

Körperpflege, Wellness, Schönheit, Gesundheit: In Sidi Ghanem finden Sie diverse Läden, die sich auf exquisite Produkte dieser Art spezialisiert haben.

Wer trotzdem hier durch die namenlosen Straßenzüge flaniert – Gebäude und Läden sind in den Sektoren A, B und C durchnummeriert –, der entdeckt Erstaunliches. Das Gelände hat das Zeug zum Kulturzentrum: In Hinterhäusern oder in früheren Fabrikhallen haben sich Tonstudios, Galerien, Ballettkompagnien oder Bands angesiedelt, in den Büroetagen arbeiten Innenarchitekten und Designer, Künstler und Restauratoren, Modeschöpfer und Dekorateure. Über 100 Läden und Boutiquen finden sich in Sidi Ghanem konzentriert. Ohne Übertreibung kann man behaupten: Hier befindet sich ein Zentrum des modernen marokkanischen Designs, dessen Kapitale unbestritten Marrakesch ist.

Ein überwältigendes Angebot

Allein in den **Boutiquen für Mode, Schmuck und Accessoires** lässt sich endlos stöbern. Es gibt spezielle Läden für Lederhandtaschen, für Schuhe, für *babouches,* für Kaftane, für Bettwäsche, für Kindermode, für Stickwaren und und und … Spezialisten für sämtliche Bereiche der Innenarchitektur stellen hier aus, die modernsten Armaturen für Küchen und Bäder sind im Angebot, gewaltige Sortimente an Fliesen und Kacheln, Zubehör für Spa, Wellness und Schwimmbäder; Gartenmöbel, ein Spezialgeschäft für Sonnenschirme, ein anderes für Bienenwachskerzen in allen Arten, Größen und Farben, Läden mit einem schier unübersehbaren Bestand an Porzellan und Keramik.

Imponierend ist auch die **Möbelbranche** vertreten, mit Kreationen zwischen kitschig und trendy, Metall, Holz und Leder, komplette Wohnzimmergarnituren, atemberaubende Schlafzimmer, die um das künftige Eheglück fürchten lassen, wunderschöne Schreib- und Esstische, Regale und Schränke. Wieder ein ganz eigenes Metier markieren die marokkanischen **Lampen,** manche ein filigranes Metallgestell, auf das feinstes, farbiges Leder aufgespannt wird, andere aus Kuben getriebenen Silberblechs montiert, durch dessen feine Durchbrüche das elektrische Licht matt schimmert. Gefährlich fürs Portemonnaie können die Abstecher zu den Boutiquen mit edlen, auf Silberflakons gezogenen **Parfüms** werden. Gleiches gilt für die Spezialgeschäfte, in denen **Arganöle, exquisite Seifen, Badesalze, Cremes, Duschgels und Shampoos** gehandelt werden.

F
FIXPREISE

Anders als in den Souks der Medina gelten in der Neustadt und den Ateliers und Läden von Sidi Ghanem zumeist Festpreise. Die meisten Artikel sind denn auch ausgeschildert – was keineswegs ausschließt, gerade hier, wo der Wettbewerb hart und die Konkurrenz um die Ecke ist, beherzt in konkrete Preisverhandlungen einzusteigen, zumal dann, wenn Sie nicht en détail, sondern en gros einkaufen. Ganz so ›fest‹ sind die Festpreise dann auch wieder nicht …

ÖFFNUNGSZEITEN

Fast alle Läden: Mo–Fr ca. 8.30/9–12.30/13, 14.30/15–18.30/19, Sa 8.30/9–12.30/13 Uhr

---

DELIKATESSEN UND LEBENSMITTEL

Le Temps des Saveurs 1: 280, Q. I. Sidi Ghanem, T 0524 33 57 40, Mo–Fr 10–12, 14.30–17.15 Uhr. Spezialitäten und Delikatessen marokkanischer Provenienz, außerdem aus Frankreich, Spanien und Italien; hochwertige, kaltgepresste Öle, Essigsorten, Fleischwaren und Schinken, Konfitüren, Gewürze, Gänseleberpastete. Ein Besuch lohnt sich – auch dann, wenn man in Marrakesch keine Gelegenheit hat, selbst zu kochen.

MODE, ACCESSOIRES

Katabatic Gallery 2: 315, Q. I. Sidi Ghanem, T 0524 33 63 28, Mo–Sa 10–18 Uhr. Die marokkanische Modeschöpferin Salima Abdel-Wahab, eine Tangeroise, präsentiert in ihrer Marrakesch-Dependance aufwendig-eigenwillige Damen- und Herrenmode, im Schnitt und Material von arabischen Traditionen inspiriert; auch Sportswear, Prêt-à-porter-Kollektionen und Kindermode.

GESCHENKE, DESIGN UND KURIOSES

Léon l'Africain 3: 24, Q. I. Sidi Ghanem, T 0524 33 61 32, www.leonlafricain.com. Große Auswahl an Unikaten aus der hauseigenen Glasbläserei und Gießerei; von Hand Geschmiedetes, Eisenwaren, Metallskulpturen, spezielle gusseiserne Untergestelle für Tischplatten.

Ziyad Design 4: 50, Q. I. Sidi Ghanem, T 0661 44 56 40. Möbelsortimente, Lampen aus getriebenem Kupfer oder ziseliertem Silber, Spiegel.

Lumières Méditerranéennes 5: 187, Q. I. Sidi Ghanem, T 0524 35 62 08, www.lumieres-med.com. Eingefärbtes Leder, auf ein Metallgestänge gespannt oder ein durchbrochener Metall- oder Silberkubus: Beides sind Grundformen marokkanischer Lampen, die hier in einem reichhaltigen Sortiment angeboten werden; gemeinsam ist ihnen ein weiches, farbig gefiltertes Licht.

Âkkal 6: 219, Q. I. Sidi Ghanem, T 0524 35 60 24, Mo–Sa 9–19 Uhr. Schöne, handgearbeitete Keramik, Einzelstücke oder komplette Services.

Jet Souk 7: 310, Q. I. Sidi Ghanem, T 0674 02 04 25, Mo–Sa 10–13, 14.30–18 Uhr. Ausgefallene, individuell designte T-Shirts, (Hand)Taschen, Schmuck.

La Maison d'Été 8: 163, Q. I. Sidi Ghanem, T 0524 35 63 77, www.maisondete.ma, Mo–Sa 9.30–12.30, 14.30–18.30 Uhr. Tradition ›reinterpretiert‹ – dies ist die Philosophie (oder Geschäftsbasis) des Hauses; Kleinmöbel, Wandteppiche, Schmuck, Tadelakt-Objekte (Tadelakt ist ein traditioneller, wasserabweisender Verputz, der sich wie eine seidenweiche Haut auf die Oberflächen legt), Dekorationsgegenstände, Lampen.

Ardevivre 9: 437, Q. I. Sidi Ghanem, T 0524 33 66 10, www.ardevivre.com, Mo–Fr 9. 30–12.30, 14.30–18.30 Uhr, Sa 9.30–12.30 Uhr. Inneneinrichtung als Gesamtkunstwerk, sehr eigenwilliges Design zwischen extravaganter Coolness und einer Art Vintage-Look für Möbel (gewöhnungsbedürftig etwa die mit Jutesäcken überzogenen Sessel), Möbelunikate als Hingucker, Tische und Stühle, Ledersofas und Fauteuils, Regale und Kommoden, große Auswahl uriger Metalllampen. Das Ausgestellte muss man nicht mögen – anschauen aber lohnt.

Côté Bougie 10: 457, Q. I. Sidi Ghanem, Tel 0524 33 57 64, www.cotebougie.com. Riesige Auswahl an Wachskerzen in allen möglichen Größen, Farben und Formen.

Cityplan: nördlich A 1 | **Stadtteil:** Quartier Industriel Sidi Ghanem | 6–7 km vom Zen-
Stadtbus: 15, 44 ab Rue Moulay Ismail (3,50 DH) | **Stadttaxi** *(petit taxi):* ca. 50 DH

KOSMETIK, PARFÜMS, ARGANÖLE

Les Sens de Marrakech 11: 18, Q. I. Sidi Ghanem, T 0524 33 69 91, www.lessensdemarrakech.com, Mo–Fr 8.30–13, 14–18 Uhr, Sa 8.30–16 Uhr. Elegante Boutique mit einer reichhaltigen Auswahl hochwertiger Naturprodukte: Cremes, Lotionen, Arganöle, Seifen, Duschgels, Badezusätze, Rosenwasser, Ghassoul (mineralhaltige Tonerde aus dem Hohen Atlas, die mit Wasser zu einer Paste geknetet wird; Grundstoff der *gommage*-Massagen), Puder, Parfüms und Accessoires. Angenehmes Ambiente, kompetente (französischsprachige) Beratung.

Cosmetic Horizons – Afrikissime Karité 12: 109, Q. I. Sidi Ghanem, T 0524 35 59 59, www.cosmetic-horizons.com. Erhältlich ist hier alles, was man für einen Hamam-Besuch braucht, reiche Auswahl an Ölen und Seifen, Shampoos und Hautcremes.

KULINARISCHES FÜR ZWISCHENDRIN

Im **Café Léon** 1 (24, Q. I. Sidi Ghanem, T 0526 71 65 45, Mo–Fr 9–16 Uhr) können Sie eine kleine Stärkung zu sich nehmen. Snacks und Sandwiches, kleine Gerichte 30–40 DH.

Noch nicht gefrühstückt oder Appetit auf Salat (30–40 DH), *brochettes* (65 DH) oder Nudelgerichte (65 DH)? Dann ist das **Ozone** 2 (275, Q. I. Sidi Ghanem, T 0661 44 96 22, Mo–Sa 8–16 Uhr) eine Alternative.

Üppiger speisen Sie im Restaurant **Le Zinc** 3 (517, Rue Principale, Q. I. Sidi Ghanem, T 0524 33 59 69, www.durand-traiteur.com, Mo–Sa 10–17 Uhr). Die Karte des französisch-inspirierten Bistro-Restaurants wechselt täglich, Tellergerichte 90 DH, Drei-Gänge-Menü 185 DH. Angenehme Atmosphäre, aufmerksamer Service, Weinausschank (220–330 DH) – wohl die beste Gastroadresse im Viertel.

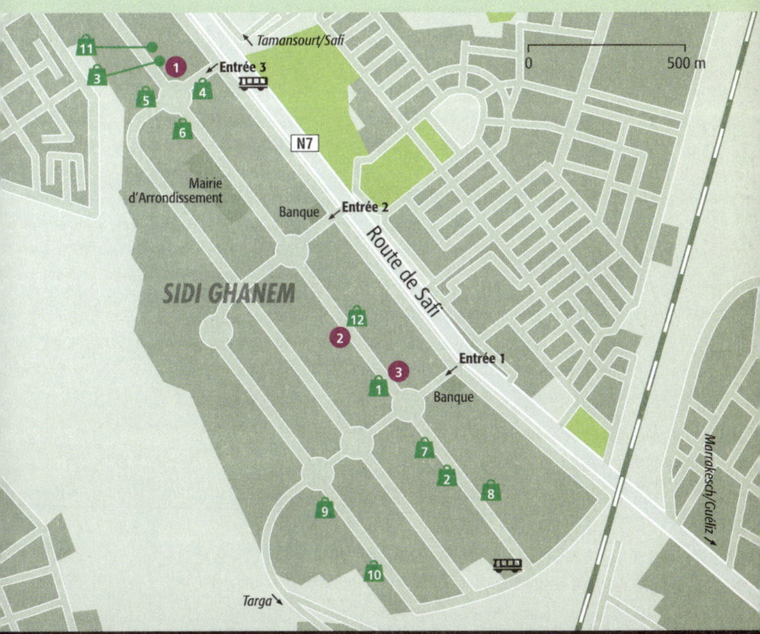

trum, via N 7 / Av. Prince Moulay Abdallah (Route de Safi)

EINTRITTSKARTEN *in eine andere Welt …*

Neben den im Reiseteil erwähnten Museen gibt es in Marrakesch weitere Museen und Galerien, hier einige besuchenswerte:

UND JETZT ENTSCHEIDEN SIE!

CMOOA
Mo–Sa 10–13, 15–19 Uhr

Die Compagnie Marocaine des Œuvres et Objets d'Art zeigt Ausstellungen mit Werken vor allem zeitgenössischer marokkanischer Künstler, teils auch Kunsthandwerk. Kunstauktionen.

B 4, www.cmooa.com

JA NEIN

Galerie Noir sur Blanc
Mo–Sa 10–13, 15–19 Uhr, So n. V.
Eintritt frei

Die Galerie im ersten Stock des Immeuble Adam Plaza zeigt aktuelle Kunst aus Marrakesch und Marokko. Anders, als der Name vielleicht zunächst vermuten lässt, nicht nur Schwarz-Weiß-Kunst.

B 4, www.galerienoirsurblanc.com

JA NEIN

Heritage Museum (Musée du Patrimoine)
tgl. 9.30–18 Uhr
30 DH

Eintauchen in die Vergangenheit können Sie in diesem Riad (18. Jh.). Ein Gesamtkunstwerk mit historischen Möbeln, Keramik, Kaftanen, Waffen, Teppichen, Manuskripten, Schmuck.

Karte 2, F 5, www.heritagemuseum marrakech.com

JA NEIN

MACAAL (Musée d'Art Contemporain Africain Al Maaden)
Di–So 10–19 Uhr
40 DH

Das moderne, Ende 2016 eröffnete Museum der Fondation Alliances widmet sich aktueller afrikanischer Kunst. Gezeigt werden Werke aus dem eigenen Bestand und Sonderausstellungen.

außerhalb H 6, www.macaal.org

JA NEIN

MACMA (Musée d'art et de culture de Marrakech)
Mo–Sa 10–19 Uhr
80 DH, Studenten 40 DH, unter 12 Jahre Eintritt frei

JA NEIN

Marokko und die Orientfantasien in der europäischen Malerei des 19./20. Jh. – das ist das Thema dieses Privatmuseums. Und als Kontrapunkt: Wechselausstellungen zur zeitgenössischen marokkanischen Kunst.
B 4, www.museemacma.com

Matisse Art Gallery
Mo 15–19, Di–Sa 9.30–13, 15–19 Uhr
Eintritt frei

JA NEIN

Die Galerie stellt überwiegend aktuelle marokkanische Künstler aus. Verkaufsausstellungen. An ihrem Standort, der Passage Ghandouri, finden sich weitere renommierte Galerien.
B 4, www.matisseartgallery.com

Musée Boucharouite
Sept.–Juli
Mo–Sa 9.30–18 Uhr
40 DH, unter 16 Jahren Eintritt frei

JA NEIN

Boucharouites – das sind aus Stoffresten collagierte Teppiche, wie sie Berberfrauen aus den Atlasregionen bis heute fertigen, weibliche Ausdruckskunst von stummer Beredsamkeit.
Karte 2, F 5, museeboucharouite@gmail.com

Musée de Mouassine
tgl. 9.30–19 Uhr
30 DH

JA NEIN

Ein restaurierter Riad aus dem 17./18. Jh., dazu eine *douiria,* ein separates Haus im Haus: Abbild bourgeoisen Wohnens und stilvoller Rahmen für Wechselausstellungen.
Karte 2, F 5, www.museedemouassine.com

Musée Tiskiwin de Marrakech
tgl. 9–13, 14.30–18 Uhr
20 DH

JA NEIN

Teppiche, Silberschmuck, *boubous,* Skulpturen, Masken, Lederarbeiten, Textilkunst: Die Sammlung des Niederländers Bert Flint lässt Sie eintauchen in die Zeit des intensiven Handels mit den Reichen der Sahelzone.
F 6, www.tiskiwin.com

Marrakeschs Museumslandschaft

Für eine Großstadt und einen Tourismusmagneten ist die Museumsszene recht überschaubar, wobei gerade zuletzt mehrere interessante Museen neu eröffnet wurden. Ein Trend, der offenbar anhält und sich noch verstärkt – so sollen in Kürze weitere neue Museen ihre Pforten öffnen.

Die meisten Museen präsentieren ihre Bestände mit ausgesuchten Objekten in Vitrinen mit arabischen und französischen Kommentaren (selten auch auf Englisch oder Spanisch, so gut wie nie auf Deutsch!), der Audioguide kommt noch kaum zum Einsatz, dafür agieren – auch deutschsprachige – Museumsführer, die oft mit einem imponierenden Detailwissen aufwarten. In der Anwendung moderner, interaktiver Multimediatechnik ragt derzeit besonders das neu eröffnete Musée Mohammed VI heraus. Wer sich für moderne Bildende Kunst interessiert, sollte einige der zahlreichen Galerien in Guéliz besuchen, in der Passage Ghandouri (🕮 B 4, Eingang: 61, Rue de Yougoslavie) und in ihrer Nähe finden sich gleich mehrere. Einen Überblick zu Malerei, Skulptur und Fotografie präsentiert das Musée de la Palmeraie (► S. 72). Auch in Sidi Ghanem finden sich mehrere Kunstgalerien. Durchaus lohnend ist der Besuch kleinerer Museen, die auf ein relativ ausgefallenes Sujet ausgerichtet sind wie das Musée Boucharouite (► S. 79).

INFORMATIONEN

Öffnungszeiten: Das Gros der Museen in Marrakesch öffnet tgl. ca. 9/10–17/18 Uhr. Schließtage fallen zumeist auf So oder Mo. Während des Ramadan gelten eingeschränkte Öffnungszeiten.

Eintrittspreise: liegen bei ca. 10/20–60/70 DH. Zzt. gibt es leider weder eine Marrakesch Card noch Kombitickets. Aktuelle Infos über die Websites der jeweiligen Museen.

Chanukkia (links) im Jüdischen Museum des Chameau Rouge

Wasser ist Leben

Hahn auf, Wasser marsch, nichts leichter als das. Die Selbstverständlichkeit, dass Wasser immer in unbegrenzter Menge zur Verfügung steht, wird in den semiariden Regionen Südmarokkos mit ungläubigem Staunen quittiert.

Wasser ist in Südmarokko eine kostbare, ja lebenswichtige Ressource; ihre gerechte Verteilung geht mit hochkomplexen sozialen Regelungen, detaillierten juristischen Vertragstexten sowie uralten Riten und Traditionen einher. Wasser und wie es verteilt, weitergeleitet, gestaut und gespeichert wird – dies ist ein Schlüsselthema auch für Geschichte und Gegenwart der Oasenstadt Marrakesch.

Eine Reise durch die Zeit

Musée Mohammed VI pour la civilisation de l'eau au Maroc

🕮 nordöstlich A 1;
s. auch Karte ► S. 73

Eben diesem Thema widmet sich das im Sommer 2017 eröffnete Museum Mohammed VI. für die Wasserkultur in Marokko. Investor und Eigentümer ist der Ministère des Habous et des Affaires Islamiques. Mit Recht wird bereits im etwas sperrigen Namen dieses Museums eine Art Wasserkultur in Marokko beschworen. Und in geradezu überwältigender Manier wird hier der Beweis angetreten, dass diese Kultur eine Stadt wie Marrakesch seit ihren Ursprüngen und bis heute entscheidend geprägt hat. Dem Thema sind etwa 2000 m² Ausstellungsfläche gewidmet, drei Etagen in einem weitläufigen, architektonisch markanten Rondell, in zwölf Sektoren werden die unterschiedlichsten Aspekte und Facetten behandelt und illustriert. Die Besucher werden hier auf eine Zeitreise geschickt, immer entlang einer thematischen Spur, die von den *foggara* und *khettara*, den über- und unterirdischen Wasserleitungssystemen des Mittelalters bis zur Staudammpolitik der Epoche Hassans II. und Mohammeds VI. führt. Menge, Qualität und Arrangement der Museumsexponate, aber auch die modernen, interaktiven, multimedialen Präsentationsformen machen dieses Museum zu einem besonderen Erlebnis. Man sollte sich ausreichend Zeit lassen an diesem Ort.

Wasserwärter und Wasserverteilung: Noch unter französischem und spanischem Protektorat (1912–56) oblag in Marokko hoch angesehenen Wasserwärtern die Aufsicht über die Wasserverteilung im traditionellen Oasenfeldbau. Wasser wurde nach Mengen- oder Zeiteinheiten verteilt, die Zufuhr über Wehre, Kanäle und Schieber geregelt, die Zeit etwa auf einen Zeitkorridor bis zum ersten Hahnenschrei begrenzt, dann wurde die Wasserzufuhr blockiert. Ein scheinbar simpler Vorgang war hier an ein Geflecht sozialer und juristischer Regelungen geknüpft; noch komplexer wurde die Wasserverteilung im ländlich-traditionellen Marokko durch die Tatsache, dass Boden- und Wasserrechte nicht kongruent waren. So konnte es vorkommen, dass ein Bauer die Wasserrechte für ein Territorium erbte, das ihm gar nicht gehörte – oder umgekehrt ein Grundstück erbte, für das er die Wasserrechte erst einholen musste.

Wasser – ein Politikum: Verteilung und Ergiebigkeit der Niederschläge entscheiden bis heute in Marokko über Menge und Qualität der Ernten. Es ist keine Übertreibung zu behaupten, dass letztlich der gesamte Agrarsektor von der Gnade ausreichenden Regens abhängt – damit ist die ökonomische Dimension des Wasserthemas angedeutet. Wasser ist, zumal während

KORAN

Im Koran ist in etlichen Suren immer wieder von Wasser als lebensspendender oder lebenserhaltender Substanz zu lesen, das Paradies wird als ein von Wasseradern durchzogener und von Springbrunnen, Teichen und Bassins geprägter Garten Eden imaginiert. Wasser ist die Substanz aller Reinigungszeremonien, die Reinigungsbrunnen der Moscheen sind bis heute Artefakte vollendeter Handwerkskunst – schon deshalb kommt dem Thema auch eine entschieden religiös-spirituelle Dimension zu. Und eine alltäglich-soziale: Kein Zufall, dass das *hamam*, das arabische Badehaus, in den Quartieren der Medina ein Treffpunkt par excellence, ein Zentrum nachbarschaftlichen Austauschs ist.

längerer Dürreperioden, längst zu einem Politikum ersten Ranges geworden. Marrakesch sowie das Umland der Stadt, insbesondere die landwirtschaftlich intensiv genutzte Haouz-Ebene, haben zuletzt unter jahrelanger Wasserknappheit sehr zu leiden gehabt.
Ökologischer Aspekt: Unverkennbar ist der ökologische Aspekt des Themas. Trinkwasseraufbereitung, Entsalzung von Meerwasser, erneuerbare Energien, Stromerzeugung aus Wasserkraft seien als Stichworte genannt. Der Parcours durch das Museum endet nicht zufällig mit dem von Mohammed VI ins Leben gerufenen **nationalen Umweltrat;** ob er die gewaltigen Herausforderungen der Zukunft meistern wird – dies steht noch dahin.

Av. Abdelkrim El Khattabi (Route de Casablanca; ca. 7 km vom Zentrum, Autobahnzubringer Casablanca, nördlich des Hôtel Ibis Marrakech Palmeraie), T 0524 05 53 51, 0524 31 30 75, www.museeaman.ma, *petit taxi* vom Zentrum ca. 80 DH, Bus 36, 37, 38 bis Bab Doukkala/ Djemaa El Fna (9 DH), tgl. 9.30–19.30 Uhr, 60 DH, unter 12 Jahren Eintritt frei

Marrakeschs Lebensversicherung und Sommerfrische 1

Ourika-Tal 🕮 Karte 3, D 1–2

Der Hohe Atlas, dieses gigantische Trinkwasserreservoir, ist für eine Stadt wie Marrakesch eine Art Lebensversicherung. Wenn die Kapitale im Hochsommer unter einer Hitzeglocke bei Temperaturen um 45 °C ächzt und stöhnt, empfiehlt sich der eine oder andere Tagesausflug ins Gebirge. Besonders im Frühjahr, wenn die Obstbäume in voller Blüte stehen, präsentiert sich das ca. 35 km südöstlich von Marrakesch beginnende **Ourika-Tal** als eine Art Garten Eden. Entlang des Oued Ourika, der Marrakesch mit Trinkwasser versorgt, prägen Obstgärten, Mandel- und Nussbaumkulturen sowie kleine, terrassierte Ackerparzellen die Szenerie. Ihr Ausflug sollte Sie bis in den etwa 1500 m hoch gelegenen Ort **Setti Fatma** (🕮 Karte 3, D 2) führen. In Setti Fatma endet die Asphaltstraße P 2017. In Ortsnähe lohnen die **Ourika-Wasserfälle** (🕮 Karte 3, D 2) einen Abstecher.

Marrakesch–Setti Fatma: tagsüber recht dichte Frequenz von Sammeltaxis; Bus ab Bab Er Robb (Nähe Saadier-Gräber) ins Ourika-Tal; Anfahrt über P 2017

Marrakeschs Lebensversicherung und Sommerfrische 2

Lalla Takerkoust 🕮 Karte 3, C 1

40 km südwestlich von Marrakesch erstreckt sich der Stausee Lalla Takerkoust – ein landschaftliches Kontrastprogramm zum Backofen der Großstadt. Sie können im Stausee schwimmen – und erfahren den tieferen Sinn des Wortes Sommerfrische.
In unmittelbarer Nähe zum Stausee Lalla Takerkoust gibt es mehrere schön gelegene, angenehme Unterkünfte, etwa Le Flouka oder Jnane Tihihit.

Le Flouka: Barrage Lalla Takerkoust, T 0664 49 26 60, www.leflouka-marrakech.com, DZ/ÜF 60–140 €; Jnane Tihihit: Douar Makhfamane, Barrage de Lalla Takerkoust, T 0524 38 73 52, www.jnane-tihihit.com; DZ/ÜF 87–173 €

Abkühlung gefällig? Dann unternehmen Sie doch einen Ausflug zu den Wasserfällen im Ourika-Tal.

Pause. Einfach mal abschalten

II

Marrakesch ist eine unruhig vibrierende, auch anstrengende Großstadt. Oasen der Stille, Rückzugs- und Ruheräume finden sich besonders in den Parks und Gartenanlagen, aber auch in luxuriösen Hamams (▶ S. 42), im Ourika-Tal (▶ S. 82), am Stausee Lalla Takerkoust (▶ S. 82) oder in den Berberdörfern (▶ s. u.) im Hohen Atlas.

Mitten in Guéliz

Jardin El Harti 🕮 B 5

Einen Steinwurf von der lärmumtosten Place du 16 Novembre entfernt, lädt der Jardin El Harti (oder: Jnane El Harti) zum Verweilen und Innehalten ein. Der große, gepflegte Park ist ein Biotop für etliche exotische Pflanzenarten, ein echtes Refugium mitten im Trubel von Guéliz. Kinderstimmen vom Spielplatz statt Autolärm von den großen Ausfallstraßen, Parkbänke, gekieste Wege, Schatten unter den Baumgruppen, ein ruhiges, offenbar wenig frequentiertes Areal, gut geeignet für eine Auszeit … Nur schade, dass es hier kein kleines Café gibt oder wenigstens einen Kiosk.

Zugang über Rue Cadi Ayad oder Av. du President Kennedy, tgl. 7–20.30 Uhr, Eintritt frei

Im Schatten der Koutoubia

Jardins de la Koutoubia

🕮 Karte 2, D/E 6

Es gibt, was Baumbestand und Pflanzenarten betrifft, in Marrakesch spektakulärere, auch idyllischere Gartenanlagen als die Jardins de la Koutoubia (Parc Lalla Hasna), aber dieses Areal liegt nun einmal ideal-zentral, um auf einer Parkbank auszuspannen oder sich auf den Rasenflächen ein Picknick zu genehmigen.

westlich der Rue Ibn Khaldoun, nördlich der Avenue Hommane El Fetouaki, Eintritt frei

Die Welt der Berber

Ecomusée Berbère de l'Ourika

🕮 Karte 3, C 1

Gut ausgewählte Exponate, exzellente Kommentierung, stimmiges Gesamtkon-

Selbst im wuseligen, oft auch anstrengenden Marrakesch lassen sich Parks und Gärten finden, die ein wenig Erholung, ein wenig Abkühlung bieten – und einen kurzen Moment der entspannten Zweisamkeit versprechen.

zept: Das Ecomusée Berbère de l'Ourika, in einer restaurierten Kasbah mit wunderbarer Panoramaterrasse untergebracht, ist im Großraum Marrakesch eine der besten Gelegenheiten, sich mit Kultur, Alltag und Traditionen der Berber vertraut zu machen. Die Unikate konzentrieren sich vor allem auf Keramik, Schmuck, Töpferwaren, Agrargeräte sowie Web- und Knüpfteppiche der Berber aus den Atlasregionen und sind hervorragend geordnet und kommentiert (allerdings nur auf Französisch). Eine Galerie historischer Schwarz-Weiß-Fotos mit Szenen des berberischen Alltags ergänzt den Blick auf Kultur und Traditionen der Berber.
Das Museum wurde 2007 im Dorf Tafza gegründet, dort, wo das Ourika-Tal allmählich enger wird und seinen landschaftlichen Zauber zu entfalten beginnt. Tafza ist ein Synonym für eine kleine Flucht, ein Zielort für jene, die Getöse und Betriebsamkeit der Metropole Marrakesch für einen halben oder ganzen Tag hinter sich lassen und in eine dörflich-ländliche Welt eintauchen wollen. Von Tafza aus lassen sich etliche **Wanderungen** in der Region unternehmen, im Dorf gibt es bescheidene Übernachtungsmöglichkeiten. Man wende sich vertrauensvoll an das kompetente und sehr hilfsbereite Personal des Ecomusée (kennt die Region aus dem Effeff: Khalid Ben Youssef)!
37 km südöstlich von Marrakesch an der asphaltierten P 2017, Tafza, T 0524 38 57 21, www.museeberbere.com, tgl. 9.30–19 Uhr, 20 DH, von Marrakesch dichte Frequenz von Sammeltaxis Richtung Setti Fatma, vom Bab Er Robb (Nähe Saadier-Gräber) Busverbindung bis Setti Fatma, wo die Teerstraße (P 2017) endet

Der Berg ruft

Tizi N'Oucheg 🕮 Karte 3, D 2

Man muss hierhin wollen – aber für den, der hier ankommt, ist es ein Erlebnis.
Für Wanderer ein steiler, beschwerlicher Anstieg, Selbstfahrer brauchen, zumal im Winter, ein geländegängiges Fahrzeug. Tizi N'Oucheg, etwa 17 km südöstlich von Aghbalou gelegen, präsentiert sich inmitten kleiner, terrassierter Ackerparzellen als 600-Seelen-Weiler vor den grandiosen Landschaftspanoramen des Hohen Atlas. Ein dörflicher Kosmos, in dem mehrere

Ob die Dame sich wie auf dem Laufsteg fühlt? Abschalten kann sie im Jardin Majorelle (▶ S. 67) allemal.

Sozial- und Frauenprojekte initiiert wurden, es gibt einen Gîte d'etape (Schlafsäle, Kollektivduschen, Speisesaal, Panoramaterrasse), gemeinsam genutzte Brunnen, eine Grundschule, eine Moschee … Tierlaute, Landleben, abgelegene Gehöfte, der Horizont eine majestätische Bergwelt, die Großstadt Marrakesch ist weit weg, ein anderer Planet. Man kann von Tizi N'Oucheg aus **Wanderungen oder Trekkingtouren** in den **Toubkal-Nationalpark** starten oder den Ort als eine Art alpines Refugium nutzen, womöglich als Stätte innerer Einkehr.
asphaltierte P 2017 bis Aghbalou, hier Abzweig nach links, steil ansteigende Piste, bis Tizi N'Oucheg 17 km, Geländewagen, im Winter kann der Parcours durch Schnee und Eis, im Frühjahr durch Schmelzwasser recht tückisch sein

Ü ÜBRIGENS

Anders als die Terrassen der Café-/Restaurant-Klassiker rund um die Place Djemaa El Fna ist die **Dachterrasse des Hôtel CTM** (🕮 Karte 2, F 6; ▶ S. 87) wenig frequentiert und daher gut zum Verschnaufen geeignet. Es werden Kaltgetränke, Minztee oder Kaffee gereicht. Außerdem bietet sich von hier ein Panorama fast über den gesamten Platz.

Bettgeflüster

In Marrakesch müssen Sie sich nicht nur zwischen Billig-, Mittelklasse- und Luxushotels entscheiden, sondern haben on top die Chance, in einem Riad zu nächtigen, der per definitionem stets in der Medina liegt. Riadpreise bewegen sich zwischen denen von Mittelklasse- und Luxushotels.

Die Stadt hat zuletzt einen gewaltigen touristischen Boom erlebt, wobei der Zuwachs an Hotelbetten ganz überwiegend im hochpreisigen Segment zu verzeichnen war. Trotzdem finden sich in der Medina zahllose unklassifizierte Billighotels (DZ ca. 150 DH). Ein frisch bezogenes Bett, Waschbecken oder Dusche sowie ein simples Grundmobiliar gehören hier zur Ausstattung. Der Typus ›gediegenes‹ Mittelklassehotel (DZ 400–700 DH) ist in Marrakesch vergleichsweise selten; die meisten Häuser dieser Kategorie liegen an der Peripherie der Medina. Die großen Luxushotels (DZ 800–ca. 3000 DH) konzentrieren sich in den Stadtteilen Hivernage, Guéliz, Semlalia und in der Palmeraie.

Egal, wofür Sie sich entscheiden: Das Frühstück *(petit déjeuner)* wird in den Hotels fast immer separat berechnet; gemessen am Gebotenen ist es oft die teuerste Mahlzeit des Tages. Es empfiehlt sich, gelegentlich auf die Frühstücksbüfetts der großen Hotels zu verzichten und im Café um die Ecke *à la marocaine* zu frühstücken: mit frisch gepressten Fruchtsäften, Minztee oder Kaffee, hausgemachtem Joghurt (arab. *raibi*) und knusprigen Croissants – oft die bessere, immer die preisgünstigere Variante.

ZUM SELBST ENTDECKEN

Sie möchten in einem **Riad** nächtigen? Dann sehen Sie sich in der **Medina** um. Es empfiehlt sich, Riads nicht im Internet zu buchen, sondern nur nach persönlicher Inaugenscheinnahme. Die Gründe dafür erläutere ich auf ► S. 89. Deshalb finden Sie dort auch eine größere von mir getroffene Auswahl an Riads.

In neuem alten Glanz erstrahlt La Mamounia.

GÄSTEHÄUSER UND HOTELS

Simpel und sauber
Café de France Karte 2, F 6
Legendäres Café-Restaurant (► S. 23), ideal, um das Treiben auf der Place Djemaa El Fna hautnah zu erleben. 14 einfache Zimmer, Kollektivduschen und Toiletten auf dem Flur.
Place Djemaa El Fna, T 0524 44 23 19, DZ 150–250 DH

Wohnen in der Mellah
Chameau Rouge Karte 2, F 7
In der Mellah wurden die Räume in den oberen Stockwerken eines Fondouk frisch renoviert und im marokkanischen Stil mit Alkoven und Tadelakt-Bädern eingerichtet. Für das Gebotene supergünstig, das Rote Kamel dürfte zu den günstigsten Gästehäusern der Stadt zählen.
88, Rue de Commerce, nahe Souk des épices (Gewürzsouk), T 0524 38 38 55, www.chameaurouge.com, DZ ca. 190 DH

Panorama pur
Hôtel CTM Karte 2, F 6
Das Panorama von der Dachterrasse, auf der Sie abends stimmungsvoll den Tag ausklingen lassen können, ist einer der Trümpfe dieser zentralen Lage: Von hier aus haben Sie einen Überblick über fast das gesamte Gelände der Djemaa El Fna. Im hinteren Trakt des Hotels liegen etliche spartanisch ausgestattete Zimmer mit Dusche, im vorderen Trakt sind die um einen Innenhof gruppierten, geräumigeren und frisch renovierten Zimmer. Zum rustikalen Charme des Hauses gehört es, dass Handtücher und Klopapierrollen an der Rezeption ausgehändigt werden. Wenn Sie nicht auf Komfort erpicht sind, aber die exponierte Lage des Hotels zu schätzen wissen, ist das CTM eine gute Wahl.
direkt am Anfang der Rue Riad Zitoun El Kedim, T 0524 44 23 25, DZ 150–300 DH

Allrounder
Hôtel Ali Karte 2, E 6
Traditionsreiches Backpacker-Hotel mit Restaurant: Auf der Dachterrasse wird ein Büfett angeboten. Praktisch: Es gibt einen Geldwechselschalter, es werden Bergführer vermittelt und Tagesausflüge organisiert. Elf Zimmer mit Klimaanlage, TV und Balkon.
Rue Moulay Ismail (den sprichwörtlichen Steinwurf von der Djemaa El Fna entfernt), T 0524 44 49 79, www.hotel-ali.com, DZ 350 DH

> **Ü ÜBRIGENS**
>
> Grundsätzlich ist in Marrakesch immer **Saison,** besonders zwischen Weihnachten und Neujahr sowie um Ostern herrscht Hochbetrieb. Die deutsche Klientel ist in Marrakesch besonders in den Monaten März/April sowie Oktober/November stark vertreten. Es ist – in einem Land, das in etlichen Branchen keine Festpreise kennt – völlig normal, in Hotels, zumal bei einem mehrtägigen Aufenthalt, beherzt nach einem »Bon prix«, nach einem **Preisnachlass** zu fragen. Im Hochsommer, wenn die Temperaturen auf fast 50 °C klettern, gibt das Preisniveau etwas nach.

Familientradition
Hôtel Le Gallia Karte 2, E 6
Seit 1929 betreibt die Familie Galland dieses kleine Hotel mit 20 individuell eingerichteten Zimmern. Charmant sind die beiden lauschigen, üppig bepflanzten Innenhöfe und die Panoramaterrasse. Die Zimmer, eingerichtet mit etwas in die Jahre gekommenen Stilmöbeln, verfügen über große Bäder. Zentrale Lage zu günstigem Preis. WLAN.
30, Rue de la Recette (Nähe Arset El Bilk), T 0524 44 59 13, www.hotellegallia.com, DZ 450 DH

Gediegen im Riadstil
Le Borjs de la Kasbah F 8
›Hôtel de charme‹ im Riadstil mit 18 Zimmern, Restaurant, Bar, Pool, Hamam und Spa. Auch Kochkurse (drei Kurse

Luxus im Ambiente eines historischen Riad – im Hotel La Maison Arabe erwartet die Gäste Luxus und Entspannung.

insgesamt 1050 DH) können Sie hier besuchen. Le Borjs de la Kasbah entpuppt sich als gelungene Balance aus Riadtradition und modernem Komfort.

Rue Bab Mechouar (zweigt von der Rue de la Kasbah ab, im Kasbah-Viertel nahe Palais Royal), T 0524 38 11 01/06, www.lesborjsdelakasbah.com, Preiskategorien zwischen 1200 und 1800 DH

Fünf echte Sterne

Sofitel Marrakech – Palais Impérial Karte 2, D 6

Zwar ein Hotel der Luxushotelkette Sofitel, aber mit Charme, denn es präsentiert sich im andalusischen Stil – und die Sternezahl entspricht tatsächlich der Realität, die Sie als Gast erleben. Dazu tragen exquisite Restaurants, der parkähnliche Garten und die beheizten Außenpools bei. Selbstverständlich dürfen Sauna- und Massagebereich, Fitnesscenter, Pianobar und Ladenpassagen nicht fehlen. Außerdem gibt es einen Kinderclub (6–12 Jahre) und – in Marrakesch eine Rarität – behindertengerecht konzipierte Anlagen. Fußgängergünstig gelegen.

Rue Haroun Errachid (Hivernage), T 0524 42 56 00, 0524 42 05 05, www.sofitel.com, DZ ab ca. 1500 DH (saisonale Rabattaktionen: vier Nächte buchen, drei zahlen), 157 Zimmer

Dispens vom Alltag

Les Deux Tours nordöstlich H 1

Von Stararchitekt Charles Boccara im arabisch-andalusischen Stil erbaut, ist diese in eine blühende Gartenlandschaft gebettete Appartementanlage eine echte Sensation der Sinne. Geräumige, helle, elegant und individuell möblierte Zimmer, luxuriöse Bäder, ein großer Pool und ein Hamam mit diversen Massageangeboten. Die Michelin-prämierte Küche bestätigt einen famosen Gesamteindruck auf kulinarischer Ebene. Deutsches Management.

Palmeraie, Douar Abiad, Circuit de la Palmeraie (gegenüber vom Murano Resort), T 0524 32 95 25/-26/-27, www.les-deuxtours.com, Chambre classique/DZ/ÜF je nach Saison 1550–2240 DH, Suiten/DZ/ÜF je nach Größe und Saison 1850–5640 DH

Vom Feinsten

La Maison Arabe Karte 2, D 5

Historischer Riad aus dem 14. Jh.; große, helle, exquisit möblierte Zimmer mit separaten Salons, luxuriöse Bäder, großer Pool, Hamam, Kochkurse (3 Std. 600 DH), renommiertes Restaurant.

WOHNEN IM RIAD

Ein Charakteristikum von Marrakesch sind die Riads (*riad* = arab. für Garten); um die 1500 soll es angeblich in der Medina geben. Der klassische Riad ist ein mehrgeschossiger Altbau, dessen Zimmer sich auf einen Patio, einen gefliesten und begrünten/bepflanzten Innenhof hin öffnen. Ein Riad holt also gleichsam den Garten und – im nach oben offenen Patio – den Himmel ins Haus. Oft handelt es sich um aufwendig restaurierte Palais oder Fondouks (Handelskontore) aus dem 17.–19. Jh. mit diversen Salons, Innenhöfen, Springbrunnen, Galerien und Dachterrassen. Das Ambiente ist auf einer weiten Skala zwischen **marokkanischer Tradition** (typisch etwa der Verputz aus Tadelakt), **klassischer Moderne** und **modernistischem Chic** (WLAN, Fernseher mit riesigen Flachbildschirmen, teure Bäderarmaturen) anzusiedeln. Man mag es als Stilbruch bedauern, aber in etlichen Riads findet sich heute ein kleiner Pool im Erdgeschoss.

Lage

Manche Häuser, deren verwitterte Fassaden den Prunk im Inneren nicht im Mindesten ahnen lassen, liegen versteckt und abgelegen in Sackgassen, oft in den hintersten Winkeln der Medina. Man muss diese Adressen erst einmal finden, mit dem Auto ist kaum ein Riad anzusteuern, das Gepäck lässt man am besten per Sackkarre von der Djemaa El Fna zur jeweiligen Unterkunft transportieren.

Preise

Die Riads sind in Marrakesch keineswegs einer gut betuchten Klientel vorbehalten, obschon manche Preise jenseits jeder Realität liegen. Doch je nach Saison kann man sich schon ab 50, 60 € in einem angenehmen Riad einquartieren. Suiten in luxuriösen Riads schlagen freilich mit bis zu 400 € zu Buche, dafür kann man bei geschicktem Verhandeln eine komplette Woche in einem Vier-Sterne-Hotel logieren!

Vor- und Nachteile eines Riads

Wer in einem Riad logiert, ist Mitglied einer Hausgemeinschaft, deren Regeln es zu respektieren gilt: Man trägt Hausschuhe, die Zimmer sind oft nicht abgeschlossen, anstelle der Perfektion eines anonymen Service in den großen Hotels herrscht eine geradezu familiär-intime Atmosphäre. Wer die oft klaustrophobische Enge der Medina nicht mag, wer bei der Wahl seiner Unterkunft auf große Außenanlagen, Schwimmbäder, Balkone, auf weite und offene Horizonte Wert legt, wer mit kleineren Kindern unterwegs ist und sich in der relativen Freiheit einer Hotel-garantierten Anonymität wohlfühlt, sollte eher nicht in einem Riad absteigen.

Unter der Medina verzweigt sich ein jahrhundertealtes unterirdisches **Kanalisationssystem,** dessen Unzulänglichkeiten offensichtlich sind. Manche Riads sitzen auf dieser Kanalisation gleichsam auf, was oft die Muffigkeit in den Räumen, die verstopften Abflüsse erklärt. Bisweilen ist man gut beraten, auf einem Zimmer in den oberen Geschossen zu bestehen.

Es gibt Riads, die **finsteren Wohnhöhlen** gleichen, in deren Räumen man sich tagsüber nur ungern aufhält. In den meisten Riads wird **kein Alkohol** serviert, wohl aber eine in der Regel **superbe Küche** und ein **üppiges Frühstück** (fast immer inbegriffen).

Die notwendig subjektive **Riad-Auswahl** in diesem Reiseführer nennt Häuser **verschiedener Preiskategorien** und führt einige der – raren! – Adressen auf, die unter deutschem oder deutschsprachigem Management laufen.

Derb Assehbe (in der Nähe der Mosquée de Bab Doukkala), T 0524 38 70 10, www.lamaison arabe.com, verschiedene Preiskategorien je nach Lage, Größe, Ausstattung 1800–5600 DH (Nebensaison), 2700–9000 DH (Hochsaison)

Edel

Les Jardins de la Koutoubia Karte 2, E 6

Architektonisch sehr gelungenes Luxushotel als weitläufige Patio-Anlage, Pool und Sonnenliegen auf der Panoramaterrasse im dritten Stock, Wellness und Spa, erlesene Küche mit asiatischen Spezialitäten, großzügige Lounge, imponierend bestückte Bar.

26, Rue de la Koutoubia (rund 300 m von der Koutoubia entfernt), T 0524 38 88 00, www.lesjardinsdelakoutoubia.com, DZ/ÜF 2400–3000 DH, Suiten ab 3500 DH, HP 290 DH/Pers.

Legendär

La Mamounia Karte 2, D 6

Das Hotel, 1923 gegründet und nach jahrelangem Umbau 2009 mit großem Pomp wiedereröffnet, hat (nach subjektiver Meinung des Autors) an internationalem Renommee gewonnen, was es an individuellem Charme einbüßte.

Av. Bab Jedid, T 0524 38 86 00, www.mamounia.com, DZ 3000–8000 DH, Themensuiten bis zu 30 000 DH

RIADS

Comme il faut

Riad Amin E 7

Eleganter, mit afrikanischer Kunst stilsicher eingerichteter Riad. Neben elf Zimmern bietet der Riad Amin ein Hamam, Massagen und Kochkurse (350 DH/Pers.).

42, Rue de la Kasbah (gegenüber Saadier-Gräbern), T 0524 38 38 66, www.riadamin.com, je nach Saison/Größe/Standard DZ/ÜF 500–1100 DH

Einfach angenehm

Riad Azenzer Karte 2, G 5

Fünf Zimmer mit Sitzecken und marokkanischen Tadelakt-Bädern, kleiner Pool, faire Preise.

109, Derb Sebaat Ourijal (Quergasse zur Rue de Bab Debbagh, Nähe Place du Moukef), T 0524 38 63 53, www.riadazenzer.com, DZ/ÜF 55–70 €

Faire Preise

Dar El Qadi Karte 2, F 5

Der aufwendig restaurierte, elegante, geschmackvoll möblierte und stilsicher ausgestattete Riad birgt vier individuell eingerichtete Zimmer und auch eine Suite.

79, Derb El Cadi, T 0651 28 44 73, www.darelqadi.com, DZ/ÜF 770–880 DH

Anheimelnd

Riad Dombaraka Karte 2, F 5

Fünf individuell eingerichtete, helle Zimmer mit Tadelakt-Bädern erwarten hier die Gäste. Ein Hamam mit Massageangeboten sowie auf Wunsch Koch- oder Arabisch-Sprachkurse runden das Marokko-Feeling im Riad Dombaraka ab. Dominique, die französische Besitzerin, ist obendrein eine exzellente Beraterin, wenn es darum geht, Exkursionen ins Umland oder Unternehmungen in der Stadt zu planen.

47, Derb El Cadi (Nähe Musée Boucharouite), T 0524 39 15 75, www.dombaraka.com, DZ/ÜF 60–100 €

Gut aufgehoben

Riad La Maison Nomade E 4

Acht individuelle Zimmer. Der deutsche Besitzer organisiert Tagesausflüge wie auch größere Wüstenexkursionen, außerdem geführte Touren durch die Souks.

Sidi Ben Slimane, Kaa Sour Derb Sidi Ahmed El Borj Nr. 94, T 0524 38 74 14, www.lamaisonnomade.com, DZ/ÜF 65–100 €

Familiär

Le Riad Berbère Karte 2, F 5

Sechs individuell, edel und elegant gestaltete Zimmer mit Tadelakt-Bädern. Die Zimmer im ersten Stock verfügen zusätzlich über private Balkone und Terrassen. Hamam, Massagen, Kochkurse (37 €/Pers.) runden das Angebot dieses Riads ab.

23, Derb Sidi Ahmed Bennacer (Nähe Musée de Marrakech), T 0524 38 19 10, 0651 28 44 73, www.leriadberbere.com, DZ/ÜF 80–95 €

Wohlfühladresse

Riad Samsli Karte 2, F 6

Dieser Riad liegt günstig zur Djemaa El Fna, hat eine schöne Panoramaterrasse, Pool und Hamam. Das hilfsbereite Personal bietet einen aufmerksamen Service und schafft eine familiäre Atmosphäre.

24, Derb Jdid (Nähe Rue Riad Zitoun El Kedim), T 0524 42 77 49, www.riadsamsli.com, DZ/ÜF 90 €, Suite Junior 119 €, Mittagessen 15 €, Dinner 19 €

Elegant

Riad Les Bougainvilliers

Karte 2, F 6

Die eleganten, großen Zimmer sind mit modernen Bädern in marokkanischem Stil ausgestattet. Der Riad hat zwei Innenhöfe und einen – winzigen – Pool.

5, Derb Ben Amrane (Quergasse zur Rue Riad Zitoun El Kedim, Nähe Dar Mimoun), T 0524 39 17 17, www.riadlesbougainvilliers.com, DZ/ÜF 90–95 €, Suite Junior/DZ/ÜF 125 €, Familiensuite/4 Pers./ÜF 150 €

Superbe

Riad Ayadina E 3

Verkehrsgünstig gelegener, sehr eleganter Riad mit luftigen, geschmackvollen Zimmern, superber Küche, Pool, Hamam, Sauna und Spa. Gelungene Balance aus französischer Eleganz und kunsthandwerklicher marokkanischer Tradition.

35, Zaouia El Abassia (Nähe Bab Laayadi, Medina-Sektor Kaa El Mechra, nahe beim Souk El Khemis), T 0524 38 38 81, www.riadayadinamarrakech.net/, je nach Saison DZ/ÜF 95–135 €, 120–165 €

Wohnoase

Riad Noga Karte 2, F 6

Einer der wenigen Riads unter deutschem Management. Es gibt sieben Doppelzimmer, zwei Innenhöfe, zwei Dachterrassen und einen kleinen Pool.

78, Derb Jdid, Douar Graoua, T 0524 37 76 70, www.riadnoga.com, DZ/ÜF 100–140 € (Hochsaison 120–165 €), Aug. geschl.

Charme und Stil

Riad Al Massarah Karte 2, D 4

Sechs exquisit ausgestattete Zimmer, kleiner Pool, Hamam, Massageangebote und Kochkurse. Der unter französisch-englischem Management geführte Riad illustriert eindrucksvoll, wie man Stilsicherheit, Gespür für Farben und Materialien sowie Instinkt für Traditionen vollendet inszeniert – und nicht protzig ausstellt. Eine Oase der Sinne.

26, Derb Jedid (Quergasse von der Rue de Bab Doukkala), T 0524 38 32 06, www.riadalmassarah.com, DZ/ÜF 1150–1950 DH

Einst die Residenz des Rabbiners

Riad du Rabbin F 7

Weiß und Silber sind die dominierenden Farben in diesem repräsentativen, auf-

Eine Übernachtung im Riad muss nicht immer extrem kostspielig sein. Der Riad Amin etwa bietet afrikanisches und marokkanisches Flair zu zivilen Preisen.

Sie möchten sich eine Nacht in Luxus gönnen? Vielleicht ist der Riad Anayela dann das und verbindet heute marokkanisch-traditionellen mit modernem Stil.

wendig restaurierten Riad, dessen acht Zimmer mit Tadelakt-Bädern ausgestattet sind. Deutsche Besitzerin, auch die marokkanische Geschäftsführerin Latifa (T 0662 35 79 73) spricht fließend Deutsch. Wellnessangebote.

105, Quartier Essalam, Rue Souika (Mellah, unweit Place des Ferblantiers), T 0524 38 90 90, www.riad-du-rabbin.com, DZ/ÜF 1400–1600 DH

Gediegen

Riad Clémentine D 4

Acht Zimmer in marokkanischem Dekor in einem Riad von 1890, Pool im Obergeschoss, exquisite Küche.

38, Derb Sidi Messaoud (zweigt von der Rue El Gza ab, beim Bab Moussoufa), T 0524 38 22 94, 0660 12 39 26, www.riad-clementine.com, DZ/ÜF 100–190 €

Grandios

Riad Ifoulki Karte 2, F 6

Hier logieren Sie in einem 500 Jahre alten Ensemble aus mehreren Riads mit geräumigen, edel eingerichteten Zimmern. Hamam und Massageangebote sowie eine exquisite Küche schaffen ein Gesamtpaket, das diesen Riad zu einer Topadresse macht. Nicht zu verachten ist, dass der dänische Besitzer fließend Deutsch spricht und seit über 40 Jahren in der Stadt lebt. Er hat – nicht nur über Marrakesch – eine Menge zu erzählen.

Richtige für Sie. Der 300 Jahre alte Stadtpalast wurde sorgsam von Hand restauriert

Über den Riad erreichen Sie übrigens auch den Parfümeur Najib (► S. 5).

11, Derb Moqadem (Quergasse zur Rue Arset Loghzail, Medina-Sektor Douar Graoua), T 0524 38 56 56, www.riadifoulki.com, DZ/ÜF Standard 100–130 €, Superior 120–160 €, Junior Suite 150–200 €, separater Wohnbereich für 5–6 Pers. 250–300 €

Grandezza

Palais Khum Karte 2, E 5

Ein gelungener Versuch, traditionelles Handwerk und modernes Design, die Konzepte von Riad-Architektur und Boutiquehotel zu verschränken. Geräumige, großzügig ausgestattete Zimmer, Indoor-Swimmingpool, Spa, Hamam, Massage, Terrassenrestaurant und Café – das ist der Palais Khum

2, Derb El Hammaria (Nähe Palais/Musée Dar El Bacha), T 0524 39 03 89, 0524 42 62 62, www.palaiskhum.com, DZ 150–345 €

Gesamtkunstwerk

Riad Anayela E/F 3

Ein Haus als Gesamtkunstwerk, restauriert in den Farben Ocker, Beige, Weiß und Silber; Pool, Panoramaterrasse, ausgezeichnete Küche, deutsches Management.

28, Derb Zerwal (Medina-Sektor Kaa El Mechra), T 0524 38 69 69, www.anayela.com, DZ/ÜF ab 190 €, Suiten/ÜF ab 290 €, Flughafentransfers im Preis inbegriffen

Von Couscous bis Dîner oriental

Von simplen Garküchen und Imbissbuden bis zu echten Gourmettempeln, die mindestens auf europäischem Niveau liegen: In Marrakesch finden Sie ein weit gefächertes gastronomisches Angebot.
Marokkos Küche ist von Klassikern wie *couscous* (ein Gericht auf der Basis von Hirse- oder Hartweizengries, viele Variationen), *tajines* (in Öl geschmortes Eintopfgericht) oder *harira* (Suppe mit Linsen, Bohnen oder Erbsen, auch Fleischbeilagen) geprägt, außerdem von raffinierten Gewürzmischungen, feinen Oliven- oder Arganölen sowie Fisch- und Gemüsekomponenten. Der Koran untersagt dem gläubigen Muslim den Verzehr von Schweinefleisch – entsprechend prägen Rind, Lamm, Kalb und Hammel *(mechoui)* das Angebot, gerne aufgetischt werden auch Geflügel und frischer Seefisch sowie Meeresfrüchte. *Brochettes* (Fleischspießchen), *kefta* (Hackfleischklößchen) und *pastilla* (Pasteten) finden sich ebenfalls oft auf marokkanischen Speisekarten.

Ein einfaches Essen in einem Einheimischenlokal in der Medina kostet ca. 50 DH, *formules* (Vorspeise/Hauptgang, Hauptgang/Dessert, eventuell mit Getränk) belaufen sich auf ca. 80–120 DH, *menus touristiques* (3 Gänge) auf ca. 100–150 DH; Menüs in den À-la-carte-Restaurants in der Neustadt kosten 200–400 DH, das Speisen in Gourmettempeln schlägt mit ca. 500–800 DH zu Buche. Generell gilt: Ein *déjeuner* ist günstiger als ein *dîner,* das Preisniveau in der Medina niedriger als in der Neustadt.

Auch abends besuchenswert: die Place Djemaa El Fna

ZUM SELBST ENTDECKEN

Schon wegen der Atmosphäre sollten Sie mal in einer der **Garküchen auf der Place Djemaa El Fna** (ab 17 Uhr) zu Abend essen, was hygienisch unbedenklich ist. Marrakesch-Neulinge sollten allenfalls bei Muscheln etwas Vorsicht walten lassen und darauf achten, dass Fleisch gut durchgebraten ist. Das Speisenangebot ist eine Art kompakter Grundkurs in marokkanischer Küche: *brochettes* (Spießchen), Grillfisch, *kefta* (Hackfleischklößchen) mit Beilagen, Geflügel, Oliven, *salade marocaine* (Tomaten, rote Bete, Gurken), *harira, tajines.* Die ›Kundenwerbung‹ ist gelegentlich etwas nervig; unbedingt empfiehlt sich eine Überprüfung der Rechnung (jeder Stand hat eine Speisekarte mit Preisangaben), gerne wird versucht, für nie bestellte Beilagen, Getränke etc. zu kassieren – oder mal eben den Rechnungsbetrag zu verdoppeln!

SO BEGINNT EIN GUTER TAG IN MARRAKESCH

Lauschig
Un déjeuner à Marrakech Karte 2, F 6
Auswahl an Crêpes, Kuchen und Eis, dazu Kaffee und Fruchtsäfte. Angenehmes, lauschiges Café, im Medina-Sektor Douar Graoua an einem kleinen Platz gelegen, Außenterrasse, gute Adresse zum Frühstücken und für den kleinen Hunger.
2–4, Rue Kennaria/Douar Graoua, T 0524 37 83 87, tgl. 11–22 Uhr, Frühstück 30–50 DH, Salate und Sandwichs 60–80 DH

Chic und trendy
Kremm Café Karte 2, E 5
Edel eingerichtetes, neu eröffnetes Tagescafé, das dem ebenso edlen Riad Palais Khum angegliedert ist. Im Angebot sind Kuchen, Gebäck, Salate, Sandwichs. Angenehmer Treffpunkt in der Nähe des Palais Dar El Bacha.
120, Tawala, Dar El Bacha, T 0524 39 03 89, 0524 39 03 72, tgl. 10–18 Uhr

WO ESSEN AUF NACHHALTIGKEIT TRIFFT

Soup Kitchen
Earth Café Karte 2, F 6
Es finden sich so gut wie keine strikt vegetarischen Lokale in Marrakesch, eine der raren Ausnahmen ist das 2007 gegründete Earth Café, das seinerzeit erste rein vegetarische – inzwischen auch vegane – Restaurant der Stadt. Der Besitzer Barakat Naim, in der Gastroszene erfahren, bezieht alle Produkte von einer eigenen, 16 km von der Stadt entfernten Farm. Das Interieur ist in warmen, erdigen Farben gehalten, dem Restaurantbetrieb ist ein Vertrieb von Naturprodukten (etwa hochwertige Arganöle) angeschlossen.
2, Derb Zouak (Quergasse von der Rue Riad Zitoun El Kedim), T 0661 28 94 02, www.earthcafemarrakech.com, tgl. 11.30–21 Uhr, vegetarische Menüs 150–200 DH, Frühlingsrollen ab 70 DH

Z
ZEITEN

Restaurants in der Medina bieten ein zumeist leichtes **Mittagessen** (*déjeuner:* Salate, Suppen, Nudelgerichte, Eierspeisen) zwischen ca. 12 und 14/14.30 Uhr an, das **Abendessen** *(dîner)* wird etwa zwischen 19 und 21/22 Uhr serviert. Die **Restaurants in der Neustadt** haben abends deutlich länger geöffnet, etwa bis 23/24 Uhr.
Etliche Restaurants legen einen **Schließtag** ein, zumeist Mo oder Di. Bei den hier vorgestellten Restaurants werden Öffnungszeiten nur dann genannt, wenn sie von diesen Grundregeln abweichen.

Riesige Auswahl
Le Grand Café de la Poste B 4
In Marrakesch eine Institution (das Gebäude stammt aus den 1920er-Jahren), in einer Balance aus Fin-de-Siècle-Dekor und modernem Design gehalten. Ein abends sowohl bei gut situierten Marrakchis wie bei Touristen beliebter und entsprechend gut frequentierter Treffpunkt. Café, Restaurant und Bar in einem, in seiner Konzeption dem französischen *esprit bistrot* verpflichtet. Hier wird darüber hinaus viel Wert auf saisonale und regionale Zutaten (Gemüse aus Bioanbau im Ourika-Tal) gelegt. Dazu sind Cocktails (um 90 DH) und eine große Auswahl an Rot- und Weißweinen im Angebot.
Ecke Blvd. El Mansour Eddahbi/Rue El Imam Malik (Guéliz), gegenüber der Hauptpost, T 0524 43 30 38, www.grandcafedelaposte.restaurant, tgl. 8–1 Uhr, Frühstück um 120 DH, Mittagskarte 120–230 DH, Abendkarte bis 305 DH (Filetsteak vom Rind).

Leichte Kost aus lokalem Anbau
Riad El Fenn Karte 2, E 5
Auf den Tisch kommen hier ausschließlich Produkte aus lokalem Anbau, favorisiert wird mittags wie abends eine leicht verdauliche Kost, mittags etwa Hühnchen oder Fisch, dazu Käse

Nicht immer werden Tajines noch im Tontopf gegart (obwohl sie danach benannt sind), sondern auch gusseiserne ›Tajines‹ finden heute Verwendung.

und Dessert, abends auch vegetarische Optionen. In angenehmem Riad-Ambiente speist man hier wahlweise auf der Dachterrasse oder im Salon.
Derb Moulay Abdallah Ben Hezzian (Quergasse von der Rue Sidi El Yamani, nahe Bab El Ksour), T 0524 44 12 10/0524 44 12 20, http://el-fenn.com, Hauptgerichte um 350 DH

12 Tische

Le Tobsil Karte 2, E 5/6
Die Besitzerin Christine Rio hat in einem Altstadthaus (Riad-Ambiente mit Patio) ein intimes Restaurant (ca. 50 Plätze) geschaffen. Serviert werden marokkanische Gerichte von *pastilla* über Biohühnchen bis *tajine*, *couscous* und Lamm. Gnaoua-Musik, Reservierung empfohlen.
22, Derb Moulay Abdallah Ben Hezzaien (nahe Bab Laksour), T 0524 44 40 52, Mi–Mo 19–23 Uhr, à la carte ca. 400–600 DH (Getränke inkl.).

INSTITUTIONEN UND SZENETREFFS

Bistro-Restaurant

L'Annexe B 4
Zwischen Bistro und Restaurant angesiedeltes Etablissement, auf zwei Etagen modern durchgestylt, mittags und abends gibt es À-la-carte-Angebote.
14, Rue Moulay Ali (Guéliz, Nähe Hotel Sun), T 0524 43 40 10, www.lannexemarrakech.com, Di–Sa, *menu midi* 80–120 DH, Hauptgerichte 100–180 DH

Allrounder

Bab Hôtel B 4
Das dem Bab Hôtel angegliederte, modern eingerichtete Restaurant ist ein beliebter Treffpunkt. Dabei spielt sicherlich die – gut besuchte – Terrassenbar (Sky Bar) im sechsten Stock mit großer Cocktailauswahl eine Rolle. Gekocht wird thailändisch und marokkanisch.
Blvd. El Mansour Eddahbi/Rue Mohammed El Beqal (Guéliz, nahe Hotel Agdal), T 0524 43 52 50, www.babhotelmarrakech.ma, tgl. ca. 12–23 Uhr, Hauptgerichte 120–175 DH

Pariser Chic

Brasserie La Renaissance B 4
Sehr edles, dem gleichnamigen Hotel (die Bar auf der Panoramaterrasse der siebten Etage ist dort einen Besuch wert!) angegliedertes Brasserie-Restaurant. Das Dekor ist dem Pariser Chic der Moderne nachempfunden, geschmackvoll gestylt das Ganze, für Nachtschwärmer strategisch günstig im Zentrum von Guéliz gelegen, vernünftige Preise.
89, Blvd. Mohammed Zerktouni/Av. Mohammed V (Guéliz, direkt an der Place Abd El Moumen Ben Ali), T 0524 33 77 77, www.renaissance-hotel-marrakech.com, tgl. 8–24 Uhr, Vorspeisen 70–120 DH, Menü (z. B. mit Pfeffersteak, Lachs oder Lamm) 125–175 DH, dreigängiges Mittagsmenü *(menu déjeuner)* 120 DH

Bodenständig

Jardins Dar Mimoun Karte 2, F 6
Spezialitäten sind hier *couscous*-Varianten und Lammspießchen. Das Dar Mimoun ist in einem Riad aus dem 18. Jh. beheimatet – ein Lokal, in dem sich eine solide marokkanische Küche und eine faire Preisgestaltung glücklich vereint finden.
1, Derb Ben Amrane (Quergasse der Rue Riad Zitoun El Kedim), T 0524 44 33 48, www.darmimoun.com, tgl. 12.30–23 Uhr, *tajines/couscous* 60–90 DH, Menüs *(harira, pastilla, tajine)* 130–200 DH

Hip, trendy und auch vegan

bô-zin südlich F 10

Die Kombination aus Restaurant, Bar, Club und Lounge – effektsicher in modernem Chic gestylt – gilt derzeit, obschon recht kontrovers beurteilt, als eine der angesagtesten Adressen im Nachtleben der Stadt. Auch vegane Vorspeisen, Hauptgerichte und Desserts. Sehr edles Ambiente, coole Musik, eigener DJ, Nomadenzelte im Garten, riesige Cocktailauswahl. Reservierung empfohlen.

1 Douar Lahna (5 km, Route de L'Ourika), T 0524 38 80 12, www.bo-zin.com, tgl. ca. 19/20–ca. 2 Uhr, Hauptgerichte 170–650 DH, Menüs 150–400 DH

Französischer Klassiker

Le Palace C 6

Dem Brasseriekonzept entsprechend gibt es im früheren L'Avenue auch am neuen Standort durchgehend warme Küche. Das modern gestylte Etablissement zieht ein vergleichsweise junges Publikum an.

Ecke Rue Ahmed Chaouki/Av. Echhouada, T 0524 45 89 01, tgl. 19.30–1 Uhr, Gerichte 200–350 DH

Die Stadt als Menü

Palais Donab Karte 2, E 5

Der Palais Donab, auch als Gästehaus eine renommierte Adresse (DZ 1300–3500 DH), präsentiert sich als prächtiger, traditioneller Riad mit Patio und Salons, im historisierenden Dekor allerdings vielleicht allzu orientalisch-überladen. Auf marokkanische Klassiker spezialisierte Küche, aufmerksamer Service. Weinkarte (160–300 DH/0,75 l).

53, Rue Dar El Bacha, T 0524 44 18 97, www.palaisdonab.com, tgl. ca. 12–15, 19–22 Uhr, Mittagskarte Gerichte ca. 80–160 DH, abends drei verschiedene *menu dîner* 280–390 DH

Nouvelle Cuisine

Comptoir Darna C 6

Hier gibt es irgendwie alles: zu essen etwa marokkanische Klassiker wie *tajines*, *couscous* und *mechoui* ebenso wie Gerichte der World Cuisine. Dazu ist der Comptoir Darna auch Bar, Club und Boutique (Kulchi-Mode und Accessoires). Ab ca. 23 Uhr wird Bauchtanz geboten. Sehr stylish das Ganze, besser reservieren.

Av. Echouada (Hivernage), T 0524 43 77 02/10, www.comptoirdarna.com, tgl. Bar ca. 18–3, *dîner* ca. 20–24 Uhr, Gerichte um 200–250 DH (vegetarisch bis 200 DH), *mechoui* 485 DH

Tausendundeine Nacht, reloaded

Ksar El Hamra Karte 2, F 6

Ein weiträumiges Riad-Ensemble mit Innenhof, Orangerie und Springbrunnen bildet hier das Ambiente, um typisch marokkanische Küche zu genießen. Spezialitäten sind hier *pastillas*, Lamm, *tajines* (etwa mit Taube und Pflaumen), und *couscous*-Varianten (etwa mit sieben verschiedenen Gemüsen oder mit Rosinen). Gelegentlich treten Gnaoua-Musiker und/oder Bauchtänzerinnen auf.

28, Sabt Ben Daoud (Quergasse von der Rue Riad Zitoun El Kedim), T 0524 42 76 07, www.restaurantksarelhamra.net, Mo–Sa 13–15, 20–24 Uhr, À-la-carte-Menüs 400–450 DH

Speisen mit Stil

Dar Zellij E 4

Patio, separate Salons und die Terrasse eines aufwendig restaurierten Riads aus dem 17. Jh. sind hier nicht Kulisse,

A
ALKOHOL

Der Koran untersagt den Muslimen den Genuss alkoholischer Getränke. Für Alkoholausschank ist eine Lizenz erforderlich. Abseits der touristischen Zentren bieten nur wenige Geschäfte und Restaurants alkoholische Getränke an. Fündig werden Sie am ehesten in den großen Hotelkomplexen und in den Supermärkten der von den Franzosen angelegten Neustädte.

Die einfachen, in der Medina gelegenen Lokale haben so gut wie nie eine Alkohollizenz. In teureren Etablissements, zumal in der Neustadt, sowie in fast allen À-la-carte-Restaurants wird Alkohol ausgeschenkt. Oft präsentieren diese Lokale sogar imponierende Weinkarten und eine große Auswahl an Cocktails.

sondern Teil eines gastronomischen Gesamterlebnisses. Wer in Marrakesch etwas zu feiern hat, sollte dies hier tun – und sich auf die Empfehlungen der Oberkellner verlassen. Es gibt verschiedene aus klassischen marokkanischen Komponenten zusammengestellte Menüs, darunter auch ein vegetarisches. Spezialitäten des Hauses sind Lammschulter, *mechoui* und Couscous Royal. Superbe Küche, perfekter Service, zauberhaftes Ambiente. Weinkarte (180–350 DH/0,75 l).

1, Kaasour Sidi Ben Slimane (nahe Zaouia Sidi Ben Slimane), T 0524 38 26 27, www.darzellij.com, Mi–Mo abends, Fr–So auch mittags (Sa/So Brunch 10.30–15 Uhr), Menüs 350–760 DH, vegetarisches Menü 300 DH, Hauptgerichte ca. 100–220 DH

Poolgeplätscher

Dar Moha Karte 2, E 5

Wo einst der Sekretär von Pascha El Glaoui und später der Modeschöpfer Pierre Balmain zu Hause waren, können Sie heute auf zwei Etagen in Riad-Ambiente traditionell marokkanisch speisen. Der illuminierte mosaikgeschmückte Pool im Patio wirkt wie ein riesiger Spiegel. Gelegentlich treten im Dar Moha Gnaoua-Musiker auf. Weinkarte.

81, Rue Dar El Bacha (Medinasektor Mouassine), T 0524 38 64 00, 0524 38 62 64, www.darmoha.ma, tgl. 12–16, 19.30– 22 Uhr, Gerichte ca. 100–220 DH, *menu déjeuner* 220/300 DH, *menu dîner* 530 DH, vegetarischer *couscous* 120 DH

B
BENIMM

Wer abends in einem guten Restaurant essen will, sollte vorab einen Tisch reservieren. Es ist in Marokko, vor allem bei ›feineren‹ Adressen, allgemein üblich, sich vom Oberkellner einen Tisch zuweisen zu lassen. Bedienungs- und Mehrwertsteuer müssen im Prinzip auf der Speisekarte ausgewiesen werden, üblich ist on top – bei Zufriedenheit – ein Trinkgeld von ca. 10 % des Rechnungsbetrags.

Pascharesidenz

Palais Gharnata Karte 2, F 6

Das Palais Gharnata, ein weitläufiger Komplex mit mehreren Sälen im marokkanischen Stil, ist eine Residenz aus dem 17. Jh., seit 1958 dient sie als Restaurant. Livemusik, Bauchtanzvorführungen, öfters von Reisegruppen belegt. Serviert werden marokkanische Spezialitäten.

5,6 Derb El Arsa (nahe Musée Dar Si Said), T 0524 38 96 15, 0524 38 95 10, www.gharnata.com, tgl. 20– 24 Uhr, mehrgängige Menüs 550 DH

Familientradition

Dar Marjana Karte 2, E 5

Die Chefin, Madame Kenza, hat ihren Betrieb auf die Tradition der bourgeoisen Küche von Fès ausgerichtet. Es gibt auch vegetarische Menüs. Passend zum Gebäude ist das Restaurant mit Innenhof und zwei Salons im marokkanischen Riad-Stil dekoriert. Der Dar Marjana hat eine Alkohollizenz – und eine Weinkarte. Musik- und Bauchtanzeinlagen. Reservierung empfohlen.

15, Derb Sidi Ali Tair (an der Kreuzung Rue de Bab Doukkala/Rue Dar El Bacha/Rue Riad El Laarous), T 0524 38 51 10, www.darmarjanamarrakech.com, Mi–Mo 12–14, 20–24 Uhr, mehrgängiges Menü 726 DH inkl. Getränke

EXPERIMENTIERFREUDIG UND UNGEWÖHNLICH

Selten in Marrakesch

Katsura C 5

Das modern-elegant gestylte Katsura – eine der in Marrakesch vergleichsweise raren Gelegenheiten, japanische und thailändische Gerichte zu probieren – präsentiert eine imponierend bestückte Speisekarte. Frequentiert wird das Etablissement vorwiegend von einer jungen Klientel, darunter auch zahlreiche Touristen. Aus der japanischen Küche gibt es eine Vielzahl an Sushi- und Sashimi-Varianten, California Rolls und Yakitori, Thailand steuert Vorspeisen von Frühlingsrollen bis zu Saté-Spießen und Salaten, dazu Currys, Wok-, Nudel- und Reisgerichte bei. Alles auch zum Mitnehmen.

Ungewöhnlich nicht nur für Marrakesch, sondern für ganz Marokko: Frauen leiten das Restaurant Al Fassia und servieren hier beste klassische marokkanische Küche.

Rue Oum Errabia (nahe Place de la Liberté), T 0524 43 43 58, www.katsura.ma, tgl. 12–14.30, 19.30–23.30 Uhr, Hauptgerichte ca. 70–140 DH, *formules* 100–200 DH

Haute Cuisine vom Frauenkollektiv

Al Fassia B 4

Das Al Fassia wird von einem Frauenkollektiv geleitet (in Marokko eine Seltenheit!). Das Ambiente ist recht edel, das Platzangebot allerdings beschränkt, daher sollten Sie hier besser reservieren. Serviert werden marokkanische Klassiker von *couscous* (z. B. mit 7 Gemüsen) über *tajines* bis zu *mechoui* (auf Vorbestellung, ca. 270 DH/Pers.), Lamm und Geflügel. Auch ein vegetarisches Drei-Gänge-Menü (270 DH) ist im Angebot. Und eine Weinkarte.

55 Blvd. Zerktouni (Guéliz), T 0524 43 40 60, www.alfassia.com, Mi–Mo 12–14.30, 19.30–23 Uhr, Hauptgerichte ca. 130–180 DH

Libanesische Spezialitäten

Azar B 5

Sie möchten mal vergleichen? Im elegant designten, im neo-orientalischen Stil gehaltenenen Azar bekommen Sie eine große Auswahl libanesischer Spezialitäten auf hohem Niveau (Menü 650 DH/2 Pers.), aber auch marokkanische Gerichte *(tajines, couscous)*. Das Restaurant mit verschiedenen Salons (Kapazität 120 Pers.) ist bei Geschäftsleuten beliebt, hat eine gut betuchte Klientel. Reichhaltige Weinkarte.

Ecke Av. Hassan II/Rue de Yougoslavie (nahe Théâtre Royal), T 0524 43 09 20, www.azarmarrakech.com, tgl. ca. 19–1 Uhr, *mezze* 45–70 DH, Hauptgerichte 170–250 DH (*tajines, couscous* 155–220 DH), tgl. wechselndes dreigängiges Mittagsmenü 120–150 DH, *chawarma* und *formules*

Mediterrane Küche

Villa des Orangers Karte 2, E 7

Zu den Spezialitäten dieses Lokals zählen etwa Lammgerichte und Tauben-*pastilla*. Das zugehörige Fünf-Sterne-Hotel, von der Kette Relais & Chateaux betrieben (eine der luxuriösesten Adressen Marrakeschs), bestimmt das luxuriöse Ambiente des Gastrobereichs: Sie speisen im Salon, im Innenhof oder am Pool; hervorragende Küche, perfekter Service, gepflegte Preise.

6, Rue Sidi Mimoun (Nähe Souk Lalla Rhia), T 0524 38 46 38, www.villadesorangers.com, tgl. 12–15 (kleine Karte), ab 19.30 Uhr Drei-Gänge-Menü 690 DH, *formules* 580 DH

Shopping in Souks, Shopping in Malls

Marrakesch ist eine Metropole des marokkanischen Designs, der Mode, der Lederverarbeitung und der Teppichherstellung – und des Handels. Schon deshalb gehört die Stadt zu den wichtigsten Einkaufszentren im Land.

Das Warenangebot ist riesig, die Preisspannen sind gewaltig, sodass ein Marokko-Neuling – in einem Land, in dem keine Fixpreise gelten – kompetente Beratung dringend nötig hat. Kein Zufall, dass sich gerade in Marrakesch der Job eines Personal Shopper (um 100 €/Tag) etabliert hat. Dabei handelt es sich um Kenner der Szene und Branchen, die das Shopping beratend begleiten und bei den Preisverhandlungen assistieren. Wenn Sie hochwertige Ware (Schmuck, Teppiche) einkaufen möchten und kein Kenner der Materie sind, kann dies eine gut angelegte Investition sein!

Das Mindeste, was Sie tun sollten, bevor Sie im nördlichen Teil der Medina auf Souvenirjagd gehen: Verschaffen Sie sich einen Überblick über die Preise. Gehen Sie hierfür ins staatliche Ensemble Artisanal (► S. 27; ausgeschilderte Fixpreise) oder in einen der riesigen Marjane-Supermärkte, die an die großen Ausfallstraßen an der Peripherie ausgelagert sind – auch hier gelten Festpreise.

Prêt-à-porter-Boutiquen und Läden mit Markenklamotten finden sich vor allem in den riesigen Malls von Hivernage und Guéliz (► S. 63): Marrakech Plaza, Carré Eden und der Menara Mall.

Alles rund um Mode gibt es im Moor.

ZUM SELBST ENTDECKEN

Entlang der **Rue Souk Semarine / Rue Souk Nejjarine** und ihren zahlreichen Quergassen erstrecken sich etliche **Spezialsouks** (► S. 44), etwa für Lebensmittel, Kleidung (Ganduras, Djellabahs, Kaftane), Gewürze, Lampen, Schmuck, Teppiche, Lederwaren, *babouches* (spitz zulaufende Lederpantoffeln), Kupfer- und Messingwaren, geflochtene Körbe, Stickereien, Musikinstrumente, Eisenwaren und Holzschnitzereien.

Wer in Marrakesch auf Shoppingtour gehen will, sollte unbedingt auch in das **Quartier Industriel Sidi Ghanem** (Q. I. Sidi Ghanem, ► S. 74) fahren; auf einem schachbrettartig angelegten Gelände sind hier Hunderte Läden und Boutiquen (überwiegend Mode, Accessoires, Schmuck, Kosmetik, Leder) konzentriert.

BÜCHER

Große Auswahl
Librairie Chatr A 4
Großes Sortiment an Taschenbüchern, auch fremdsprachige Ausgaben, Lexika, Schulbücher, naturwissenschaftliche Werke, Kochbücher, Kinderbücher, Sachbücher und Bildbände.
21, Av. Mohammed V (Nähe Kreuzung Blvd. Mohammed Abdelkrim Et Khattabi, Guéliz), T 0524 44 79 97, Mo–Sa 8.30–13, 15–20 Uhr

Bildbände
Menzil El Fan B 4
Große Auswahl an Bildbänden, ein ganzes Sortiment mit Städteporträts und Bildbänden zu marokkanischen Landschaften/Regionen, etliches zur marokkanischen Küche; kaum Belletristik.
55, Blvd. Zerktouni, Résidence Tayeb (Guéliz), T 0524 44 67 92, Mo–Sa 9– 12.30, 15–19 Uhr

DELIKATESSEN UND LEBENSMITTEL

International
Le Temps des Saveurs Sidi Ghanem nordwestlich A 1: ► S. 76.

FLOH- UND STRASSENMÄRKTE

Die Medina mit ihren diversen **Souks** (► S. 44) ist ein einziger großer Markt. Viel mehr als ein Flohmarkt ist der **Souk El Khemis** (► S. 60).

GESCHENKE, DESIGN, KURIOSES

Getriebenes Kupfer
Founoun Karte 2, E 5
Aus Kupferblechen gearbeitete Laternen und Windlichter *(lanternes)* gehören zu den beliebtesten Mitbringseln aus Marokko. Hier ist nicht nur ein großes Sortiment vorrätig, man kann auch Unikate nach eigenen Plänen fertigen lassen.
28, Souk des teinturiers, T 0524 42 62 03, Sa–Do 10–19 Uhr

Ü ÜBRIGENS

Es gibt in Marokko **kein einheitliches Ladenschlussgesetz:** Die Läden in der **Neustadt** haben meist 9/9.30–13/14, 15–20/21 Uhr geöffnet, viele (in Sidi Ghanem nahezu alle!) So zu. Die meisten Läden in der **Medina** schließen ca. 20/21 Uhr, etliche sind Fr erst ab 14/15 Uhr, So aber ganztägig geöffnet. Öffnungszeiten werden im Text nur angegeben, wenn sie von diesen Mustern abweichen.

Schräg und schön
Ardevivre Sidi Ghanem nordwestlich A 1: ► S. 76.

Allrounder
La Maison d'Été Sidi Ghanem nordwestlich A 1: ► S. 76.

Farbiges Licht
Lumières Méditerranéennes Sidi Ghanem nordwestlich A 1: ► S. 76.

1001 Dekoration
Ziyad Design: Sidi Ghanem nordwestlich A 1: ► S. 76.

Alles unter einem Dach
Le Trésor des Nomades Karte 2, D 4
Moustapha Blaoui und sein unermessliches Warenlager, aus dessen Beständen man ganze Hausstände bilden kann, ist eine Institution. Hier gibt es Keramik, Geschirr, Lampen, Lederwaren, Tischplatten, Möbel, Spiegel, Antiquitäten …
142–144, Rue de Bab Doukkala, T 0524 38 52 40, tgl. außer Fr vormittags 9–20 Uhr

MODE, ACCESSOIRES

Trendy
Akbar Delights Karte 2, E 5/6
Teilweise in Indien gefertigt, aber von marokkanischen Traditionen inspiriert

und aus marokkanischen Materialien produziert: Tuniken, Seidenschals, extravagante Handtaschen, *babouches*, Schmuck, Kissen und Lampen. In Guéliz gibt es die Dependance Moor (B 4).
Place Bab Fteuh (nahe Djemaa El Fna), T 0671 66 13 07, www.akbardelightscollections.com, Di–So 10–13, 15.30–19 Uhr, Dependance Moor 7, Rue des Vieux Marrakchis (Guéliz), Mo–Sa 10–13, 15–19 Uhr

Nicht nur Handtaschen finden Sie bei Fréderique Birkemeyer.

Soziales Engagement

Al Kawtar Marrakech Karte 2, E 5
Al Kawtar, 2006 gegründet, ist eine gemeinnützige Organisation, die 35 % ihrer Erlöse in ein Ausbildungszentrum für körperbehinderte junge Frauen investiert (Lehrwerkstatt: 3, Derb Zaouia Laftihia, Medinasektor Mouassine, Nähe Café Arabe, T 0524 38 56 95). Das Projekt versucht, ihnen mittels Näh- und Stickkursen eine wirtschaftlich abgesicherte, eigenverantwortliche Existenz zu ermöglichen. Al Kawtar verkauft – nur zu Festpreisen – hochwertige, aus Naturfasern hergestellte Tisch- und Bettwäsche, Handtücher, Kaftane, Kinder- und Babykleidung. Da hier Unikate in Handarbeit hergestellt werden, können Sie nach Maß fertigen lassen und Farben und Materialien selbst auswählen. Eine gute Gelegenheit, mit einem Einkauf ein soziales Projekt zu unterstützen, dessen Notwendigkeit offensichtlich ist.
57, Rue El Ksour (Medinasektor El Ksour), T 0524 37 82 93

Klein, aber fein

Aya's Karte 2, F 7
Edle Damenmode, Seidenblusen, Schmuck, kleine Kinderabteilung, Accessoires; auch marokkanisches Wohndekor. Madame Nawal El Hriti verwendet nur reine (100 %) Leinen-, Seiden- und Baumwollstoffe; auch Maßanfertigung.
11bis, Derb Jedid Bab Mellah (neben dem Restaurant Tanjia, Nähe Place des Ferblantiers), T 0524 38 34 28, www.ayasmarrakech.com, Mo–Sa 10–13, 15.30–18 Uhr

Exquisit

Boutique Beldi Karte 2, E 5
Der Familienbetrieb datiert aus den 1940er-Jahren; es gibt edle Damen- und Herrenmode, bestickte Seidenkaftane, Leinenhemden, Tuniken, Bettwäsche, Kissen, auch Handtaschen und Schmuck.
9–11, Rue Mouassine, T 0524 44 10 76, Sa–Do Fr 9.30–13, 16–19 Uhr

Prêt-à-porter-Kollektionen

Intensité Nomade B 4
Der Couturier Fréderique Birkemeyer präsentiert Kollektionen von Damen- und Herrenmode, edle Kaftane, Jackets, Handtaschen und Accessoires. Große Auswahl!
139, Av. Mohammed V (Ecke Rue de la Liberté), T 0524 43 13 33, fbcaftan@menara.ma, Mo–Sa 9–13, 15–19.30 Uhr

»Flagship Store«

Jet Souk Sidi Ghanem nordwestlich A 1: ► S. 76.

Haute Couture

Katabatic Gallery Sidi Ghanem nordwestlich A 1: ► S. 76.

Trendsetter

Boutique Kulchi Karte 2, E 5
Außer Prêt-à-porter-Kollektionen bestimmt eine große Auswahl an Schuhen und Handtaschen das Sortiment; außerdem trendige T-Shirts und modern gestylte Kaftane. Eine weitere Dependance ist dem libanesischen Restaurant Comptoir Darna (► S. 97) angegliedert.
1, Rue du Ksour, T 0524 42 91 77, www.kulchi.com, Mo–Sa 9.30–13, 15.30– 19.30 Uhr

Riesenauswahl

Galerie Birkemeyer B 4
Lederbekleidung (verschiedene Schnitte, Farben und Leder) für Damen und Herren (Röcke, Hosen, Jacken, Mäntel);

auch (Hand-)Taschen, Koffer, Schuhe, Geldbörsen, Brieftaschen. Ausgewiesenes Fachgeschäft, kompetente Beratung.
169–171, Rue Mohammed El Beqal (Guéliz, Nähe Hotel Agdal), T 0524 44 69 63, www.galerie-birkemeyer.com, Mo–Sa 8.30–12.30, 15–19.30, So 9–12.30 Uhr

Klein, aber fein
Ma Creation Karte 2, E 5
Ein ›concept store‹ – hier ein durchaus berechtigtes Etikett: keine riesige Auswahl, dafür aber ein ausgesuchtes Sortiment an Lederhandtaschen (überwiegend fein gegerbtes Ziegenleder), Lederjacken und Geldbörsen; schöne Unikate, ausgefallenes Design, gutes Leder und exzellente Verarbeitung. Ein zweiter Laden gleichen Namens am Gewürzsouk fällt dagegen stark ab.
60, Rue Dar El Bacha (Rue Dar El Glaoui), T 0662 13 36 17, www.macreation.biz, Mo–Sa ca. 10–19 Uhr; Karte 2, F 5; 103, Place des épices/Rahba Kedima, Medina, Mo–Sa ca. 10–18 Uhr

Schmückende Einzelstücke
Boutique Belhadj Karte 2, E 5
Handgefertigte Schmuckunikate, auch eingefasste Edelsteine. Alteingesessener Familienbetrieb; lassen Sie sich ruhig Zeit, der Inhaber, Mohamed Bari, 1940 geboren und seit Jahrzehnten in der Schmuckbranche tätig, ist ein echter Kenner des Metiers, erst mit zunehmender Dauer des Gesprächs holt er nach und nach eine Preziose nach der anderen hervor …
22–23, 33 Fondouk Ouarzazi (1. Etage, Nordseite der Place Bab Fteuh), T 0524 44 12 58, Sa–Do 10–19, Fr 10–ca.12, ca. 16–19 Uhr

Eher Galerie als Laden
Ministero del Gusto Karte2, E 5
Das ›Ministerium des (guten) Geschmacks‹, von einem italienischen Modeschöpfer ins Leben gerufen, präsentiert sich als Galerie mit extravagantem Schmuck, aber auch mit Möbeldesign, Mode, ja ganzen Inneneinrichtungen.
22, Derb Azouz (Quergasse der Rue Sidi El Yamani, nahe der Moschee Mouassine), T 0524 42 64 55, www.ministerodelgusto.com, tgl. 10–13 Uhr, nachmittags n. V.

Zart und fragil
Âkkal Sidi Ghanem nordwestlich A 1: ► S. 76.

Alles erleuchtet
Côté Bougies Sidi Ghanem nordwestlich A 1: ► S. 76.

Geblasen, gegossen
Léon l'Africain Sidi Ghanem nordwestlich A 1: ► S. 76.

KOSMETIK, ARGANÖL, PARFÜMS

Trendy
Cosmetic Horizons – Afrikissime Karité Sidi Ghanem nordwestlich A 1: ► S. 77.

Natur und bio
Apia – Les terroirs marocains A 3
Hier bekommen Sie eine große Auswahl an Naturprodukten: von Argan- und Olivenölen über Seifen, Cremes, Haarshampoo und Duschgel bis zu anderen Kosmetikprodukten. Aber auch diverse Konfitüren und Honigsorten verkauft Apia in schickem Ambiente. Festpreise.
14, Av. de la 4ème D.M.M., Nähe Place Bir Anzaran, neben dem Café La Flamme (Guéliz), T 0524 43 85 53, Mo–Sa 10–19 Uhr

Milch und Honig
Les Sens de Marrakech Sidi Ghanem nordwestlich A 1: ► S. 77.

Allrounder
Riad Tamsna Karte 2, F 6
Neben der Auswahl an Kosmetikprodukten und Badeutensilien gehören zum Sortiment des Riad Tamsna auch diverse Accessoires, Bettwäsche, Mode und Schmuck.
23, Derb Zanka Daika (parallel zur Rue Riad Zitoun El Jedid, Nähe Musée Dar Si Said), T 0524 38 52 72, www.tamsna.com

Personalisierte Düfte
Najib: via Riad Ifoulki, ► S. 5, S. 92.

Highlife in der Neustadt

Ausgehen in Marrakesch – das ist Party machen bis zum Morgengrauen. Wobei manche aus Europa eingeflogenen Party- und Discogänger womöglich nicht einmal wissen, dass Marrakesch in Marokko liegt. Oper und Ballett, Klassik und Theater – für diese vergleichsweise traditionell-bürgerlichen Elemente der Abendunterhaltung ist Marrakesch ein eher unergiebiges Pflaster.

Die Stadt hat sich in den letzten Jahren immer mehr als hippe Partymeile etabliert, sie zelebriert ein umtriebiges Nachtleben, das es so allenfalls noch in Agadir, Casablanca und Tanger gibt. Marrakesch lockt mit mindestens einem Dutzend riesiger, hypermoderner Discos und Clubs, die oft den großen Fünf-Sterne-Hotels angegliedert sind. Internationale DJs, mehrere Dancefloors, superbe Tontechnik, Lasershows, Liveauftritte, Shisha-Lounges, ›Themennächte‹ bestimmen die Szenerie. Vor Mitternacht ist in den Discos der Neustadt – die Medina liegt um diese Zeit längst im Tiefschlaf – kaum etwas los, gegen 2 Uhr sind die angesagten Etablissements dann richtig voll, gegen 4 Uhr beginnt der Chill-out.

Hohe Eintritts- (an den Wochenenden 100–200 DH) und Getränkepreise, auch bisweilen recht rabiate Türsteher begrenzen die Szene auf eine solvente, durchaus hedonistische Klientel, die – edel, schrill oder extravagant ausstaffiert – mal richtig auf den Putz hauen will.

Prostitution, obschon illegal, ist in Marrakesch unübersehbar; jüngst wurde mehrfach in Pädophiliefallen ermittelt (www.touchepasamonenfant.com).

Logenplatz für den Abend: die Terrasse des Café de France hoch über der Place Djemaa El Fna

ZUM SELBST ENTDECKEN

Vor allem **Guéliz** und hier insbesondere der von der Place de la Liberté / Place du 16 Novembre / Place Abdel Moumen Ben Ali abgesteckte Sektor der **Avenue Mohammed V** mit den abführenden Querstraßen ist das Terrain der Kneipen und Pianobars, der Discos und Nachtcafés.

Ein weiteres Zentrum befindet sich am südöstlichen Ausläufer der **Avenue Mohammed VI** an der Stadtperipherie. Hier liegen etwa die Nobeldisco Pacha, die Nachtclubs Manhattan, Club 555 und The Cat.

Über **Live-Acts, Kinoprogramm, Ausstellungen und Konzerte** informiert die kostenlose, monatlich erscheinende Broschüre »Marrakech Pocket« (► S. 111), die über die Délégation du Tourisme oder die meisten Hotelrezeptionen erhältlich ist.

BARS UND KNEIPEN

Very British
Chesterfield Pub B 4

Als *bar anglais* ausgewiesene Lokalität, mahagonigetäfeltes Understatement, langer Tresen mit Barhockern, große Getränke-, insbesondere Cocktailauswahl und – eine Rarität in Marrakesch – Bier vom Fass; der Pool-side-Patio bietet ein angenehmes Ambiente, um sich in relaxter Atmosphäre einen Sundowner zu genehmigen.

119, Av. Mohammed V (neben Hotel Nassim, Guéliz), T 0524 44 64 01, tgl. ca. 10–24 Uhr

Urmarokkanisch
L'Escale B 4

Das Traditionslokal, allem Schnickschnack abhold, besteht seit 1947, simples Dekor, rustikaler Charme, deftige Hausmannskost; als Bierkneipe besonders bei den Einheimischen beliebt, vor allem für seine Grillhühnchen, die pikanten *merguez* und das Sortiment an Grillfisch berühmt (Gerichte ca. 70–100 DH). Abends oft brechend voll, für alleinreisende Frauen bisweilen gewöhnungsbedürftig. Während des Ramadan geschlossen.

13, Rue de Mauritanie (Guéliz), T 0524 43 34 47; tgl. ca. 11–22.30 Uhr

Durchgestylt
Montecristo B 3

Eine auf drei Etagen verteilte, edel durchgestylte Melange aus Bar (Sky Bar auf der Dachterrasse), Lounge und Restaurant. Diverse Musikrichtungen, internationale DJs, Livemusik, Bauchtanzeinlagen, Shisha. Derzeit sehr im Trend, fashionables Publikum, leidlich elegantes Outfit empfohlen.

20, Rue Ibn Aicha (Gueliz), T 0524 43 90 31, 0661 24 49 12, www.montecristomarrakech.com, tgl. ab ca. 20 Uhr

Von allem etwas
Lotus Club C 6

Restaurant (u. a. japanische Karte!), Club, Salon, Lounge Bar, Dance Floor – der Lotus Club ist alles in einem. Revuen und Choreografien, internationale DJs und Livemusik bestimmen das Nachtprogramm, gerne aufgelegt wird Electro und House.

Rue Ahmed Chaouki (Hivernage), T 0524 42 17 36, www.lotusclubmarrakech.com, tgl. 19.30–2 Uhr

Nicht nur tagsüber oder um zu essen ist das Kechmara (▸ S. 66) einen Besuch wert, seine Terrassenbar und manchmal Livemusik machen es auch abends zu einer netten Adresse für einen Drink.

Ü ÜBRIGENS

Fast alle großen Hotelkomplexe der Vier- und Fünf-Sterne-Kategorie in Marrakesch verfügen über elegante **(Piano-)Bars,** im Ambiente zwischen plüschig-gediegen und zeitlos-luxuriös angesiedelt, im Dekor zwischen traditionellem marokkanischen Kunsthandwerk und cool-modernistischem Chic. Spirituosen sind hier in der Regel recht teuer, oft wird eine imponierende Auswahl an Cocktails präsentiert, manchmal trifft man am Tresen echte Marrakesch-Kenner, skurrile Figuren oder verschrobene Fantasten …

FOLKLORE

Die meisten der in traditionellen Riads untergebrachten Restaurants in der Medina bieten unter dem Etikett *cabaret oriental* oder *soirée orientale* Folkloreveranstaltungen, bei denen zumeist Gnaoua-Musiker und Bauchtänzerinnen zum Einsatz kommen. Die Skala dieses Entertainments reicht dabei von dreistem Nepp bis zu wirklich gelungenen Musik- und Tanzeinlagen. Keine Regel ohne Ausnahme, aber oft gilt Folgendes: Je größer ein Gastrobetrieb ist, je mehr Gedecke er aufbietet, je zahlreicher die Reisegruppen, desto größer die Wahrscheinlichkeit, dass Sie hier in eine veritable Touristenfalle tappen oder doch eine gelinde Enttäuschung erleben.

Chez Ali A 1
Mit Teppichen ausgelegte Festzelte, Tanz, Musik, Reiterspiele, Feuerwerk und Akrobaten: Wer ein mindestens 400 DH teures, mehrgängiges Menü innerhalb eines auf 1001 Nacht getrimmten Disneylands schätzt, ist hier goldrichtig. Bei Ali können bis zu 2000 Personen verköstigt werden. Kitsch und Kommerz, lästern die Verächter – der Zauber des Orients als farbenprächtiges Spektakel, frohlocken die Bewunderer. Kinder werden hier vermutlich auf ihre Kosten kommen.

ca. 12 km stadtauswärts an der N 7 Richtung Nordwesten, T 0524 30 77 30, www.chezalimarrakech.com, tgl. ca. 20–24 Uhr

LIVEMUSIK

Mehr Latino als Afrika

African Chic C 5
Zwei Bars (großes Tapas-Angebot) und Restaurant unter einem Dach; das Musikprogramm ist freilich eher lateinamerikanisch als afrikanisch ausgerichtet, gelegentlich Live-Acts (Infos online oder über Marrakech Pocket).

6, Rue Oum Errabia (nahe Place de la Liberté, Guéliz), T 0524 43 14 24, www.african-chic.com, tgl. ca. 20–2.30 Uhr

In der Palmeraie

Mariinski Russian Night Club nördlich H 1
Luxuriöser, freilich etwas abgelegener Club, der Le Senz abgelöst hat. Barbereich mit gut bestückten Getränkesortimenten vorhanden, DJs im Einsatz, gelegentlich gibt es Auftritte von Livebands.

Circuit de la Palmerale (Palmeraie Golf Palace Hotel), T 0524 30 10 10, Reservierung Tel. 0661 15 11 89, Do–So 0–5.30 Uhr, Mo–Mi private Reservierungen für geschlossene Gesellschaften

Indischer Prunk

Palais Jad Mahal D 6
Die sehr edel und aufwendig designten Interieurs sind einem indischen Maharadscha-Palast nachempfunden. Das Ganze ist eine Kombination aus Bar, Lounge sowie einem auf marokkanische Gerichte und Thai-Küche spezialisierten Restaurant. Im Dance Floor wird vor allem Funk und Rock aufgelegt; gelegentlich Auftritte von Livebands, außerdem als *danses orien-*

tales bezeichnete Bauchtanzspektakel; beliebte Nobeladresse bei wohlhabenden Marrakchis.

10, Rue Haroun Errachid (dem Sofitel gegenüber, Hivernage), T 0524 43 04 57, www.palaisjadmahal.net, tgl. ab ca. 23 Uhr

TANZEN

Paris in Marrakesch

Raspoutine Marrakech Karte 2, D 6

In Marrakesch hat der angesagte russische Pariser Club Raspoutine nun auch eine Location eröffnet – in den Räumen des früheren Silver Marrakech. Üppig in Rot und Plüsch, mit Gold und Lüstern.

10, Rue Haroun Errachid (dem Sofitel gegenüber, Hivernage), www.raspoutine.com, Do–Sa ab spätabends, Mitte/Ende Mai–Aug. geschlossen

Traditionsclub

Diamant Noir C 5

Stadtbekannter, seit über 20 Jahren betriebener Club, Musikstil besonders von Disco und Funk geprägt, beliebtes Etablissement in der Homosexuellenszene von Marrakesch.

Rue Khalid Ben El Oualid/Place de la Liberté (neben Hotel Le Marrakech, Guéliz), T 0524 44 63 91, tgl. ab ca. 23 Uhr

Mächtig angesagt

Pacha südlich D 10

Angeblich der größte Nachtclub Afrikas, vermutlich so etwas wie der ›Hottest spot in town‹, sicherlich eine interessante Erfahrung, zweifellos der spektakulärste Aufgalopp der *jeunesse dorée*, der Schönen und Reichen – und derer, die sich dafür halten. Mehrere Dancefloors, internationale DJs, musikalischer Schwerpunkt sind Electro und House. Wenigstens einmal sollte man in Marrakesch hier die Nacht zum Tag machen, und sei es, um das Vorfahren der Nobelkarossen, das Defilé der Schönheiten, die zwischen schrill und extravagant changierenden Outfits zu begutachten. (Während der Recherche im Sommer 2017 geschlossen).

Av. Mohammed VI, Zone hôtelière de l'Agdal (neben Hotel Crystal Marrakech), T 0524 37 22 32, 0524 38 84 00, www.pachamarrakech.com, tgl. 20–5 Uhr

Gute Stimmung im Palast: Indien trifft Marokko, Marokko trifft Thailand, Funk und Rock treffen auf Bauchtanz. Wo Sie das erleben können? Im Palais Jad Mahal, zusammen mit (wohlhabenderen) Marrakchis.

Das Klischee muss bedient werden, aber es ist mehr als ein Klischee, Bauchtanz gehört zur marokkanischen Kultur. So erleben Sie Bauchtanz nicht nur in ›touristischen‹ Etablissements, sondern auch in bei den Marrakchis angesagten Locations.

THEATER, KONZERTE, OPER

Le Théâtre Royal B 5
Ein neoklassizistischer Prachtbau mit Portikus und Kuppel, von Stararchitekt Charles Boccara nach jahrelanger Bauzeit in den 1990er-Jahren vollendet: Das Théâtre Royal mit seinem Amphitheater für 1200 Besucher ist nicht nur eine Bühne für Theateraufführungen, sondern auch ein Ort für Konzerte, Ausstellungen, Operninszenierungen und Ballettchoreografien; Marrakeschs einziger echter Musentempel.
Über das aktuelle Veranstaltungsangebot informieren Sie sich am besten über die Délégation du Tourisme (► S. 111) oder in Marrakech Pocket (► S. 111).
40, Av. Mohammed VI (Place Haile Selassie, Nähe Hauptbahnhof, Guéliz), T 0524 43 15 16

Jeunesse dorée
Paradise B 6
Sehr edle Hoteldisco, dem Fünf-Sterne-Hotel Mövenpick Mansour Eddahbi angegliedert; *tenue correcte*, gepflegtes Outfit, ist hier erforderlich, Lasershow; Charts und Pop bestimmen das Musikprogramm, recht heterogene Klientel, bestehend aus Touristen und Marokkanern.
Av. Mohammed VI (Nähe Kongresspalast, Hivernage), T 0524 33 91 00, tgl. ab ca. 23 Uhr

Jahrmarkt der Eitelkeiten
Théâtro C 6
Die Hoteldisco des Es Saadi präsentiert sich in den Dekors eines ehemaligen Theaters, internationale DJs, bevorzugter Musikstil ist Techno und House, gelegentlich Themennächte, Ladies Nights; gilt als eine der besten Diskotheken Marrakeschs.
Rue Ibrahim El Mazini (Hivernage, Querstraße der Avenue El Quadissia), T 0664 86 03 39, 0524 44 88 11, www.theatromarrakech.com, tgl. ca. 23–5 Uhr

Trendy

Suite Club Marrakech ✪ C 7

Dem Hotel Meridien N'Fis angegliederter Nachtclub, internationale DJs, edles Ambiente, Mi *Soirée Mademoiselle*, Do Happy Hour bis 2 Uhr, Fr Musikprogramm der Resident DJs, Sa internationale Gast-DJs.

Av. Mohammed VI (Nähe Av. de la Ménara, Hivernage), T 0524 42 07 00, Infoline T 0661 83 28 41, tgl. ca. 23–4 Uhr

Einst eine Institution

VIP Club ✪ C 5

Schwer zu beurteilen, ob der einst stadtbekannte Club nach seiner Komplettrenovierung die frühere Aura behalten hat; im Musikprogramm dominiert Techno, beliebte Adresse der schwulen Szene von Marrakesch.

Place de la Liberté (Guéliz), T 0524 43 45 69, T 0661 24 16 42, auf Facebook, tgl. ca. 23.30–4 Uhr

KINOS

Marrakesch richtet zwar seit 2001 ein inzwischen renommiertes Filmfestival aus, weist aber für eine Millionenstadt erstaunlich wenige Kinos auf. Dabei hat sich der marokkanische Film, jüngst vor allem durch Nabil Ayouchs grandioses Drama »Much loved«, etliche Meriten erworben.

Programmkinos

Das einzige echte Programmkino, das nicht auf den cineastischen Mainstream, also auf Hollywood-Blockbuster oder Bollywood-Melodramen festgelegt ist, ist das **Cinéma Colisée** (✪ B 4, Blvd. Zerktouni, neben dem Restaurant La Renaissance, Guéliz, T 0524 44 88 93, tgl. vier Vorführungen, 30/40 DH). Moderne Projektionstechnik, Dolby-Surround-Tonanlage, gute 35-mm-Kopien – in marokkanischen Kinos ist derartiger Standard selbst in Großstädten eher die Ausnahme als der Regelfall. Zudem ist das Colisée vermutlich das einzige Kino in Marrakesch, das auch aktuelle marokkanische, zumeist französisch untertitelte Filme zeigt, auch Produktionen in Berbersprachen. Über das aktuelle Programm informieren die Lokalteile der großen marokkanischen Tageszeitungen.

Sein Kinoprogramm hat das **Institut Français** inzwischen ins institutseigene **Cinéma Leila Alaoui** ausgelagert (✪ westlich A 3, Rue Audibert / Route de la Targa, zwischen Lycée Victor Hugo und École Renoir, T 0524 44 69 30, 0524 44 76 12, 0524 44 70 63, www.if-maroc.org/marrakech, 35 DH, bis 26 Jahre 20 DH). Cineasten finden hier nicht nur aktuelle Produktionen aus Frankreich, sondern auch internationale Koproduktionen und immer wieder wichtige marokkanische Filme. Insgesamt ein gut ausgewogenes, ambitioniertes Angebot; unter dem Stichwort *Ciné Jeunesse* bietet das Institut Français Kinderkino an, Kinder unter acht Jahren müssen dazu in Begleitung Erwachsener kommen. Kinovorführungen zwischen 15 und 22 Uhr, aktuelle Programminformationen auf der Homepage des Instituts.

Großkino

2007 öffnete das Multiplexx-Kino **Megarama** (✪ südlich D 10, 800, Av. de septième Art, hinter dem Pacha-Komplex, Av. Mohammed VI, T 0524 38 68 22, 0890 10 20 20, www.megarama.ma, 55–65 DH, Mo Kinotag: 45 DH) seine Pforten. Insgesamt neun Säle (einer darunter für über 1300 Zuschauer), perfekte Projektions- und Tontechnik. Das Megarama, Marrakeschs größtes Kino, ist fast ausnahmslos auf den amerikanisch dominierten cineastischen Mainstream ausgerichtet. Aktuelle Programminformationen auf der Homepage.

Hin & weg

Ankunft

... am Flughafen
Marrakeschs internationaler Flughafen liegt nur ca. 6 km südwestlich des Stadtzentrums.
Aéroport Marrakech-Menara: 🕮 A 10, T 0524 44 78 55, 0524 44 79 10, www.onda.ma. In der Abfertigungshalle befinden sich etliche Wechselschalter sowie die Büros internationaler Mietwagenfirmen (etwa Hertz, Avis, Sixt).
Mit dem Bus in die Stadt: Der Flughafenbus, **Alsa-City-Bus Nr. 19,** mit der Aufschrift »Aéroport – Centre Ville« wartet ca. 100 m gegenüber dem Hauptausgang (einfache Fahrt 30 DH, hin und zurück 50 DH). Der Bus fährt über die Avenue de la Ménara zur Place Djemaa El Fna, weiter zum Busbahnhof am Bab Doukkala, durch Guéliz, zum Hauptbahnhof und dann durch die Avenue Mohammed VI wieder in Richtung Flughafen. Er verkehrt zwischen 6.15 Uhr und 21.15 Uhr; es existiert kein fester Fahrplan, der Bus startet vom Flughafen in die Innenstadt, wenn der nachfolgende Bus am Flughafen angekommen ist.
Mit dem Taxi ins Zentrum: Der Taxitarif in die Innenstadt beträgt ca. 70 DH (nachts ca. 100 DH), in die Palmeraie ca. 100 DH (nachts ca. 150 DH). Etwa zwischen 20 Uhr und 6 Uhr werden Nachtzuschläge erhoben. Lassen Sie sich auf Gefeilsche mit dem Taxifahrer um Tarife und Gebühren für Gepäckstücke gar nicht erst ein; bestehen Sie darauf, dass der Taxameter eingeschaltet wird.

Einreisebestimmungen

Für einen Marokko-Aufenthalt bis zu drei Monaten genügt für Staatsbürger der Bundesrepublik Deutschland, Österreichs und der Schweiz ein Reisepass, der vom Tag der Einreise an noch mindestens weitere sechs Monate gültig sein muss. Auch Kinder und Jugendliche brauchen einen eigenen Reisepass. Bei der Einreise muss eine *carte d'embarcation* ausgefüllt werden, die u. a. die Angabe einer Adresse in Marokko verlangt – es reicht dabei, ein beliebiges Hotel zu nennen.

Geld und Reisekosten

Die **Landeswährung** ist der marokkanische Dirham (abgekürzt DH, gelegentlich auch MAD; der höchste Banknotenwert beträgt gerade mal 200 DH!), der seit Jahren sehr stabil in einem Wechselkursverhältnis von etwa 11:1 zum Euro pendelt. Sowohl in der Medina als auch in der Neustadt besteht ein dichtes Netz von Bankautomaten.
Touristen mit **kleiner Reisekasse** können in Marrakesch ein einfaches Zimmer mit Dusche für 150–200 DH finden, eine warme, mehrgängige Mahlzeit – etwa auf der Place Djemaa El Fna oder in den Garküchen der Souks – für 30–50 DH erstehen, die Stadtbustarife liegen um die 4 DH, für 35–40 DH kann man etwa 100 (!) km im Sammeltaxi zurücklegen. Gute **Mittelklassehotels** kosten um 400–500 DH, Doppelzimmer in einfachen Riads ca. 600–700 DH. In der Hochsaison, besonders zwischen Weihnachten und Neujahr sowie um Ostern, zudem während der marokkanischen Schulferien, zieht das gesamte Preisniveau sofort deutlich an.
Der **Mietwagenmarkt** ist gerade in Marrakesch hart umkämpft – abseits der Hauptsaison sollten Sie nicht mehr als 30–35 € pro Tag für einen Kleinwagen bezahlen.

Informationen

www.visitmarrakech.ma: Die offizielle Website des CRT (Conseil régional du tourisme) enthält aktuelles und nützliches Informationsmaterial zu allen

klassischen Marrakesch-Themen; die deutsche Version strotzt allerdings von Übersetzungsfehlern, lesen Sie daher besser die französische Fassung.
www.visitmorocco.com: Die offizielle Website des Staatlichen Marokkanischen Fremdenverkehrsamts mit zahllosen Links zu allen möglichen Marokko- und Marrakesch-Themen.
www.kasbah-online.de: Das Marokko-Reisemagazin des Marokkanischen Fremdenverkehrsamts, zwei Ausgaben pro Jahr, Reportagen und Hintergrundberichte, exzellente Fotostrecken, detaillierte Trecking-Informationen; Marrakesch ist in allen bisher erschienenen Heften ein großes Thema gewesen. Kompakter Anhang mit aktuellen Marokko-Infos.
www.madein-marrakech.com: Präsentation einer Unmenge an Riads, gerade auch Riads im unteren Preissegment sind hier zahlreich vertreten; reichhaltige Tipps und Adressen zu Shopping, Ausgehen, Wellness/Spa, Restaurants; auch Infos zu kulturellen Events.
www.marrakech-riads.net: Vergleichsweise kleine Auswahl an Riads, Möglichkeit der Online-Buchung.
www.ville-marrakech.ma: Infos zu internen Verwaltungsstrukturen, aber auch zu aktuellen Kulturterminen, Kino- und Ausstellungsprogrammen, Kliniken und Fachärzten etc.
www.wikipedia.de: Kompakte Einführung in die Stadtgeschichte, Erläuterung der wichtigsten Sehenswürdigkeiten, brauchbar als erster Überblick, die französische Version ist um einiges detaillierter.

Touristeninformation

Marokkanisches Fremdenverkehrsamt: Graf-Adolf-Str. 59, 40210 Düsseldorf, T 0211 37 05 51/52, marokko@mfva.de.
Délégation du Tourisme: 🕮 B 4, Place Abdelmoumen Ben Ali (Guéliz), T 0524 43 61 31, 0524 43 62 39, Mo–Fr 8.30–16.30 Uhr, dtmarrakech@menara.ma, marrakech@tourisme.gov.ma. Broschüren, Hotellisten, Stadtplan, insgesamt nur bedingt hilfreich.
CRT (Conseil régional du tourisme): 🕮 B 5, Résidence Jnane Atlas, Erdgeschoss, Tür 4, 42, Rue Cadi Ayad (Guéliz), Tel. 0524 43 34-06/-07/-09, www.visitmarrakech.ma. Das Verwaltungsbüro ist weder auf Publikumsverkehr ausgerichtet noch bietet es Infomaterial. Keine festen Öffnungszeiten, kein Hinweis, kein Schild! Seit der CRT seine Dependance an der Koutoubia aufgegeben und noch keinen entsprechenden Ersatz geschaffen hat, kann das Tourismusmarketing in Marrakesch nur als erbärmlich bezeichnet werden, eine Katastrophe, einer Großstadt wie Marrakesch unwürdig!

Per Moped durchs Verkehrsgewühl

Marrakech Pocket: www.marrakechpocket.com. Dieser außerordentlich hilfreiche, auch online verfügbare City Guide wird monatlich kostenlos vertrieben. Das Heft ist über die Tourismusbehörden erhältlich, liegt aber auch an etlichen Hotelrezeptionen aus. Detaillierter Stadtplan, reiche Auswahl an Tipps und Adressen zu Kulturveranstaltungen, Restaurants, Einkaufsmöglichkeiten, Riads, Exkursionen etc.
Souk Facil: www.ZwinUp.com. Ein Anzeigenmagazin im Hochformat, in einer Auflage von 20 000 Exemplaren kostenlos vertrieben, sehr nützlich sind die Detailkarten der diversen Stadtteile und Medinasektoren; etliche Tipps zu Einkaufsmöglichkeiten und Gastroadressen.
Studienkreis für Tourismus: T 08152 99 90 10, www.sympathiemagazin.de. Das ausgezeichnete Sympathiemagazin »Marokko verstehen« soll in aktualisierter Fassung 2018 neu aufgelegt werden, 82 Seiten mit guten, auch kritischen

Hintergrundinformationen etwa zu den Themen Westsahara, Menschenrechte, Frauenemanzipation, politischer Islam oder absolute Monarchie.

Reisen mit Handicap

www.riads-marrakesch.de/barrierefrei-reisen-rollstuhl: kompakte, subjektive und zutreffende Skizzierung der Herausforderungen, denen sich Rollstuhlfahrer in Marrakesch ausgesetzt sehen.

Sicherheit und Notfälle

Die **Gewaltkriminalität** in Marrakesch ist vermutlich geringer als in den meisten europäischen Großstädten, obschon gerade Marrakesch eine Metropole mit extremen sozialen Gegensätzen ist. Man tut gut daran, **Wertsachen** niemals öffentlich zu präsentieren, am besten erst gar nicht auf die Reise mitzunehmen. Gelegenheit macht Diebe – wer mit ganzen Bündeln von Dirham-Noten in der Öffentlichkeit hantiert, beschwört das Risiko eines Überfalls selbst mit herauf. **Taschendiebe** agieren, oft zu mehreren, gerne in dicht gedrängten Menschenmengen, also in überfüllten öffentlichen Verkehrsmitteln oder zur Rushhour im Gassengewirr der Medina. Es empfiehlt sich, **besonders als allein reisende Frau,** nächtliche Alleingänge in der Medina zu vermeiden. Nach Discobesuchen sollten Sie für die Rückfahrt zur Unterkunft unbedingt ein Stadttaxi *(petit taxi)* nehmen, auch wenn das fast immer mit einem zunächst nervigen Gefeilsche einhergeht. Gefährliche **No-go-Areas** gibt es in Marrakesch eigentlich nicht.

Notrufnummern
Polizei: 19
Touristenpolizei: 0524 38 46 01
Gendarmerie: 077
Feuerwehr: 15
SOS Médecins: 0524 40 40 40
SOS Accident: 0524 40 14 01
SAMU, ambulance (Krankentransport): 0524 43 30 30
Bank- und Kreditkarten-Sperrnummer: 0049 11 61 61

Diplomatische Vertretungen
Deutschland: Für die Region Marrakesch ist das deutsche Honorarkonsulat in Agadir (T 0528 84 10 25, Mo–Fr 9.30–12 Uhr) zuständig. E-Mail-Kontakt via Website der Botschaft: www.rabat.diplo.de.
Österreich: Honorarkonsulat, T 0524 37 76 15, www.consulatautrichemarrakech.org.
Schweiz: Botschaft in Rabat, T 0537 26 80-30/-31/-32, www.eda.admin.ch/rabat.

Umweltfreundlich unterwegs

Öffentlicher Nahverkehr
Es gibt in Marrakesch weder U-Bahn noch Metro noch Straßenbahn. Die für Touristen wichtigsten **Stadtbuslinien** verkehren zwischen der Place Foucauld (arab. Arset El Bilk) in der Nähe der Koutoubia und den Vierteln Hivernage und Guéliz, den Ménara-Gärten und dem Flughafen. Die **Bustarife** betragen um 4 DH (Flughafenbus/Alsa-City-Bus Nr. 19, ► S. 110). Die Stadtbusse sind besonders in den Morgen- und Abendstunden oft überfüllt, Fahrpläne sind Makulatur.

Taxi
Touristen bewegen sich in der Stadt am besten mit den *petit taxi* genannten, ockerfarben lackierten **Stadttaxis.** Eine Plage sind die Taxifahrer von Marrakesch, die sich stur weigern, den Taxameter einzuschalten. Beharren Sie darauf und wechseln Sie sonst das Taxi. **Ein Tipp:** Wer seine Fahrten stets mit denselben Fahrern arrangiert (fast alle Taxifahrer in Marrakesch haben Handys, sodass sich Touren vorab telefonisch absprechen lassen), gilt als Stammkunde und fährt, besonders nachts, entspannter – und günstiger!

Taxikosten: Außerhalb der Stoßzeiten kostet ein Taxi von der Djemaa El Fna nach Guéliz ca. 10–15 DH, zum Jardin Majorelle ca. 20 DH, zu den Agdal- und Ménara-Gärten um 20 DH. Ab 20/21 Uhr gelten um 50 % erhöhte Nachttarife.

Mietwagen

Die meisten **Mietwagenfirmen** haben ihre Büros an der Avenue Mohammed V und am Boulevard Zerktouni in Guéliz, außerdem bestehen Agenturen am Flughafen und in den großen Luxushotels.

Fahrradtouren

Marrakesch, vollkommen eben vor den Panoramen des Hohen Atlas gelegen, könnte eine ideale Stadt für Radfahrer sein, gäbe es, zumal während der Stoßzeiten, nicht einen mörderischen Verkehr auf den Hauptstraßen. **Fahrradverleiher** finden sich am ehesten in der südlichen Medina, etwa in den Sektoren Kennaria und Dabachi.

Marrakech City Bike Tour: 🕮 B 4, 44, Rue Tarik Ibn Ziad (Guéliz), T 0667 79 70 35, 0667 79 70 35, www.marrakech-city-bike-tour.com. Geführte Radtouren (auch Privattouren) durch die Medina, Guéliz, Hivernage, durch Marrakeschs Gärten und Parks, die »Visite de Marrakech« (tgl. 10, 15 Uhr, 2,5–3 Std./25 €/Pers.; Start am Agenturbüro) etwa führt durch die Neustadtviertel Guéliz und Hivernage, nimmt dann Kurs auf die Agdal-Gärten, durchquert Kasbah-Viertel und Mellah, mündet auf die Place Djemaa El Fna und landet wieder in Guéliz.

STADTFÜHRUNGEN PER BUS

Marrakech Bus touristique: bei Redaktionsschluss ausgesetzt. Die Busrundfahrten sollen aber voraussichtlich wieder stattfinden! Die Busse mit Panoramadeck starten an der Délégation du Tourisme an der Place Abdelmoumen Ben Ali, die Passagiere werden über Kopfhörer mit Basisinfos zur Stadt und den Hauptsehenswürdigkeiten versorgt (auch auf Deutsch, T 0524 33 96 37).

Die **Tour historique** (tgl. 9–17.45 Uhr, ca. alle 30 Min., Dauer ca. 90 Min.) führt über die Avenue Mohammed VI zu den Jardins de Ménara, dann durch den Stadtteil Hivernage zur Place de la Liberté, über die Avenue Mohammed V zur Koutoubia, passiert den Palais El Badi, die Place Djemaa El Fna, die Saadier-Gräber und das Hotel Mamounia und führt dann nach Guéliz, wo die Tour an der Hauptpost endet.

Die **Tour Oasis** (tgl. 5 Touren zwischen 12 und 16.30 Uhr, Dauer ca. 1 Std.) verläuft über die Avenue Yacoub El Mansour zum Jardin Majorelle, nimmt dann über die Route des Remparts Kurs auf den Circuit de la Palmeraie, den Rundkurs durch die große Palmenoase am nordöstlichen Stadtrand.

Beide Stadttouren bieten ungewöhnliche Perspektiven ›von oben‹, eignen sich gut als erste Orientierung und ermöglichen ein gezieltes Sightseeing, da man mit einem 24-Std.-Ticket (145 DH, Kinder 75 DH, unter sechs Jahren frei) bzw. mit einem 48-Std.-Ticket (190 DH, Kinder 95 DH) beliebig oft ein- und aussteigen kann. Die Tour Oasis ermöglicht zudem eine vergleichsweise stressfreie Besichtigung der Palmeraie – eine einfache (!) Fahrt im *petit taxi* von der Place Djemaa El Fna zur Palmeraie wird nach zähem Gefeilsche bestenfalls für ca. 150 DH zu haben sein.

DANKSAGUNG

Der Autor dankt Peter Bergmann, Marrakesch; Hamza Choufani, Honorarkonsul der Bundesrepublik Deutschland, Agadir; Floride Cars, Marrakesch; Dr. Hans Hartje, Université de Pau; Ahmed Jamali, Marrakesch; Albrecht Jerrentrup, Marrakesch; Andrea Kolb, Marrakesch; Sonja Ludwig, Marokkanisches Fremdenverkehrsamt, Düsseldorf; Erik Mielk, Berlin; Beate Prinz, Marrakesch; Khalid Tijani, C.R.T. Marrakesch.

O-Ton Marrakesch

labès? / békher?
wie geht's?

uakha
einverstanden, geht in Ordnung, okay

MUMKIN
vielleicht ja, vielleicht aber auch nicht

besslama
auf Wieder-sehen

CHOUKRANE
danke

yalla
los geht's

AFAK
bitte

makain mouchkile
kein Problem

safi!
jetzt reicht's!

ash-hal?
wie viel?

INCH ALLAH
so Gott will, vielleicht

Glossar

Arganöl aus der Arganie gewonnenes Öl, verwendet in Gastronomie, Kosmetik und Naturheilkunde
Bab Tor
Babouches pantoffelartige Schuhe
Borj Festung
Boubou weites Gewand westafrikanischen Ursprungs
Brochette Fleischspießchen
Chawarma am Spieß gebratenes Fleisch (Lamm, Rind oder Huhn), das abgeschabt und dann in Fladenbrot serviert wird (auch: *shawarma*)
Couscous Gericht auf Basis von Hirse- oder Hartweizengries
Dar Haus
Dawadschin lebendes Geflügel
Derb Gasse
Djellabah langer Kapuzenmantel
Djemaa Versammlung, auch Name für Freitag und Freitagsmoschee
Douar Zeltlager, Dorf
Douiria kleines in einen Riad integriertes Haus
Foggara unterirdischer Bewässerungskanal
Fondouk Karawanserei
Gandura leichte Tunika berberischer Herkunft aus Baumwolle/Wolle, mit oder ohne Ärmel
Ghassoul mineralhaltiger Lehm aus dem Atlasgebirge
Gommage Peeling (-Massage)
Hamam Dampfbad
Harem Frauengemächer
Harira Linseneintopf
Imam Vorbeter in der Moschee
Kaftan besticktes, wertvolles Kleid
Kasbah Burg, auch Altstadtviertel arabischer Städte
Kefta Hackfleischklößchen
Khettara unterirdischer Bewässerungskanal
Koubba Grabstätte
Ksar (Pl. *Ksour*) befestigtes Dorf
Lalla Anrede für ein weibliches Mitglied der königlichen Familie
Makhzen Regierung
Mechouar Versammlungsort, Paradeplatz
Mechoui Hammel
Medersa theologische Hochschule, Religionsschule (Koranschule)
Medina Altstadt
Mellah jüdisches Viertel
Merguez intensiv gewürzte Bratwurst aus Lammhack bzw. Lamm- und Rinderhack
Mezze Vorspeisen, Snacks
Mihrab Gebetsnische
Minarett Moscheeturm
Minbar Gebetskanzel
Moulay Titel für hochstehende Personen (besonders für Angehörige des marokkanischen Königshauses)
Muezzin Gebetsausrufer
Nana frische Minze
Oued Fluss, Flussbett
Pastilla Pastete
Raibi Joghurt
Ramadan islamischer Fastenmonat
Riad Innenhof, Garten; ein Anwesen mit einem Innenhof oder -garten
Sidi Herr (Anrede)
Souk Markt, Marktstraße
Tadelakt traditioneller Verputz aus Muschelkalk
Tajine Schmorgericht, im Tontopf gegart
Tizi Bergpass
Zaytun Olive
Zellige(s) von arab. *zellij*, farbig glasierte Kacheln

Für Patrick Manac'h

Das Klima im Blick
Reisen bereichert und verbindet Menschen und Kulturen. Wer reist, erzeugt auch CO_2. Der Flugverkehr trägt mit bis zu 10 % zur globalen Erwärmung bei. Wer das Klima schützen will, sollte sich – wenn möglich – für eine schonendere Reiseform entscheiden oder die Projekte von atmosfair unterstützen. Flugpassagiere spenden einen kilometerabhängigen Beitrag für die von ihnen verursachten Emissionen und finanzieren damit Projekte in Entwicklungsländern, die dort den Ausstoß von Klimagasen verringern helfen (www.atmosfair.de). Auch die Mitarbeiter des DuMont Reiseverlags fliegen mit atmosfair!

Abbildungsnachweis

akg-images, Berlin: S. 120/9 (Album/Oronoz); 120/1 (Elias); 37 (Michaud); 120/6 (Studio Nippoldt); 120/3 (Album)
Hartmut Buchholz, Freiburg: S. 48, 80
Fotolia, New York: S. 96 (Annapustynnikova); 57 (Comofoto); 61 (Foy); 84 (Köhne); 58 (visuals-and-concepts)
Getty Images, München: Titelbild, Faltplan (Deloche); S. 4 u., 24 (Lonely Planet Images/Quirke); 65 (Moment/Kelly); 31 (National Geographic Magazines/Skogg); 60 (Photolibrary/Noble)
Huber, Garmisch-Partenkirchen: S. 8/9 (Smith)
iStock.com, Calgary (Kanada): S. 7 (fafou); 20 (Reboredo)
laif, Köln: S. 106, Umschlagklappe vorn (hemis.fr/Hughes); 68 (Jonkmanns); 104 (GAMMA-RAPHO/HOA-QUI/Joubert); 120/5 (Jeune Afrique-REA/Fournier); 88, 100 (Le Figaro Magazine/Martin); 21, 41, 44, 51, 111 (Jaekel); 28, 107, 108 (Gumm); Umschlagklappe hinten (Robert-harding/Pitamitz)
Look, München: S. 12/13 (Schoenen); 92/93 (Fleisher)
Maison de la Photographie, Patrick Manac'h, Marrakesch: S. 55
Mauritius, Mittenwald: S. 16/17 (AGF/Hermes); 72 (Alamy/AA World Travel Library); 102 (Alamy/AA World Travel Library); 86 (Alamy/Bildagentur Hamburg); 36 (Alamy/Cecil); 4 o. (Alamy/Cracknell); 54 (Alamy/Greaves); 52 (Alamy/Horree); 94 (Alamy/Kowalsky); 49 (Alamy/Laming); 78/79 (Alamy/LH Images); 22 (Alamy/Nathan); 42 (Alamy/Ritterbach); 91 (Alamy/Thomenius); 70 (Alamy/Tography); 27 (Alamy/Travelwide); 46 o. (Alamy/Wasek); 105 (Alamy/White); 85 (Alamy/Wlodarczyk); 83 (Alamy/Wrzesniowski); 120/4 (dieKleinert/Opitz); 46 u. (imagebroker/Auth)
picture-alliance, Frankfurt a. M.: S. 120/2 (Cohen); 64 (Wilms) 120/8 (Breuel-Bild)
Shutterstock, New York: S. 38 (Sheikh)
Thomas Stankiewicz, München: S. 14/15, 32, 34, 40, 63, 74, 99
Visum Foto, Hannover: S. 67 (Gaulke)
Wikimedia Commons: S. 120/7 (PBA Lille, CC SA 4.0)
Zeichnungen S. 2, 11, 29, 35, 38, 64: Gerald Konopik, Fürstenfeldbruck
Zeichnung S. 5: Antonia Selzer, Stuttgart

Zitatnachweis

Umschlagklappe hinten: Mahi Binebine, aus: Hinter den Mauern von Marrakesch, aus dem Französischen von Regina Keil-Sagawe, in: Reise nach Marokko. Kulturkompass fürs Handgepäck, hrsg. von Lucien Leitess, Unionsverlag, Zürich 2008
S. 25: Rafael Chirbes, aus: Der sesshafte Reisende. Städtebilder, aus dem Spanischen von Dagmar Ploetz, Antje Kunstmann Verlag, München 2006
S. 29: Claude Ollier, aus: Schreibheft 28, Rigodon Verlag, Essen 1986

Kartografie: DuMont Reisekartografie, Fürstenfeldbruck
© DuMont Reiseverlag, Ostfildern

Umschlagfotos

Titelbild: Kalligrafie und Zellige im Patio der Medersa Ben Youssef
Umschlagklappe hinten: In der Medina

Hinweis: Autor und Verlag haben alle Informationen mit größtmöglicher Sorgfalt geprüft. Gleichwohl sind Fehler nicht vollständig auszuschließen. Alle Angaben erfolgen ohne Gewähr. Bitte schreiben Sie uns! Über Ihre Rückmeldung zum Buch und Verbesserungsvorschläge freuen sich Autor und Verlag:
DuMont Reiseverlag, Postfach 3151, 73751 Ostfildern,
info@dumontreise.de, www.dumontreise.de

FSC
www.fsc.org
MIX
Papier aus verantwortungsvollen Quellen
FSC® C124385

1. Auflage 2018

Autor: Hartmut Buchholz
Redaktion/Lektorat: Britta Rath
Bildredaktion: Stefan L. Scholtz
Grafisches Konzept: Eggers+Diaper, Potsdam
Printed in China

Kennen Sie die?

Juan Goytisolo

2017 ist er in Marrakesch gestorben – das Schlusskapitel seines Romans »Engel und Paria«, eine ›Raumlektüre‹ der Place Djemaa El Fna, bleibt unerreicht.

Adriana Karembeu

1,25 m – die weltweit längsten Beine aller Topmodels, so der Eintrag im Guinness Buch der Rekorde. Seit 2014 lebt die gebürtige Slowakin in Marrakesch, als Co-Besitzerin des legendären Palais Jad Mahal.

Sir Winston Churchill

In sein »geliebtes Marrakesch« kam der britische Premier und Literaturnobelpreisträger (1953) erstmals zum Jahreswechsel 1935/36 – und dann immer wieder bis in die späten 1950er-Jahre, zum Aquarellieren und Schreiben.

Sir Alfred Hitchcock

1956 drehte Hitchcock u. a. an Originalschauplätzen in Marrakesch den Thriller »Der Mann, der zuviel wusste«. Berühmt: Hitchcocks Cameo-Auftritt auf der Place Djemaa El Fna.

Mahi Binebine

Der gebürtige Marrakchi, einer der bedeutendsten modernen Autoren und Maler Marokkos, ist nach langer Odyssee in seine Stadt zurückgekehrt.

Yves Saint Laurent

2008 wurde seine Asche im Rosengarten des Jardin Majorelle verstreut; seit seiner ersten Ankunft in Marrakesch 1966 war er der Stadt verfallen.

Denise Masson

Die französische Islamwissenschaftlerin (1901–94) lebte seit 1937 in Marrakesch; ihre Koran-Übertragung ins Französische gilt als Standardwerk.

André Heller

Blender oder Tausendsassa? Sein 2016 vor den Toren Marrakeschs eröffneter Paradiesgarten Anima ist ›botanische Inszenierung‹ und Skulpturenpark in einem.

Elias Canetti

Der Literaturnobelpreisträger des Jahres 1981 publizierte 1967 mit »Die Stimmen von Marrakesch« ein grandioses Mosaik poetischer Prosa.